MW01598660

Chistes de verano y vacaciones

COLECCIÓN
HUMOR, JUEGOS Y PASATIEMPOS

Equipo de expertos 2100

CHISTES DE VERANO Y VACACIONES

EDITORIAL DE VECCHI, S. A.

Editorial De Vecchi, S. A.
Balmes, 247. 08006 BARCELONA
Depósito legal: B. 19.367-1994
ISBN: 84-315-1267-9

Índice temático

¡Viajeros al tren!

Despistado

En el coche-cama de un tren y siendo ya de noche, un turista que previamente había abandonado su compartimento, no acierta a encontrarlo por más que busca. El jefe de tren intenta ayudarle y le pregunta:

pluse.

—¿No recuerda usted el número de su cama?

—No.

—¿Ni siquiera tiene usted idea del lugar donde se encuentra?

—¡Hombre, sí! —suspira aliviado—. ¡Me fijé que, al mediodía, la ventana de mi compartimento daba a un lago muy bonito...!

Billetes para Torremocha

Dos muchachos se acercan a una taquilla de RENFE, y uno de ellos se dirige al empleado de la ventanilla:

—¿Me da un billete para Torremocha?

—No tengo —responde el empleado.

—Lo siento, Torremocha, te has quedado sin billete —le dice el muchacho a su compañero.

Desconfianza

Un aldeano y otro individuo desconocido viajan solos en un departamento de ferrocarril. Al poco rato, el aldeano saca el reloj del bolsillo y tras mirarlo rápidamente vuelve a meterlo en su sitio.

—¿Qué hora es? —le pregunta su compañero.

—No lo sé.

—Pero ¿no acaba usted de sacar el reloj?

—Sí, señor. Pero lo he sacado para ver si aún lo tenía en el bolsillo.

Mucha prisa

En el tren, un revisor entra de improviso en un compartimento de primera clase y se encuentra a una pareja de jóvenes haciendo el amor totalmente desenfrenados.

—Oigan —dice, guiñando el ojo—, parece que están en viaje de novios, ¿eh?

—Es verdad —dice el hombre—. ¡Ella se tiene que casar la semana próxima!

Uno de escoceses

Un escocés, con su característica tacañería, compra un pasaje de tercera clase en un tren ordinario, pero se acomoda en un expreso de lujo y en primera clase. Llega el inspector y extrañado le dice:

—Pero ¿cómo?, ¿toma usted un pasaje de tercera y viaja en primera clase y en expreso de lujo? Pero ¿está usted loco?

—De ningún modo —respondió el escocés.

—¡Se va a bajar por las buenas o le echaré por las malas de este tren! —gritó el inspector.

El escocés se niega, la discusión se caldea y por fin, el inspector, agarrando la enorme maleta del viajero, la tira por la ventanilla.

—¡Asesino! —aulló el escocés—. ¡Ha matado usted a mi hermanito!

Uno de viajes

En un vagón de primera, en un tren de largo recorrido, dos hombres charlan para matar el tiempo:

—A mí me encanta viajar. Y usted, ¿viaja por placer? —le pregunta el uno al otro.

—Oh, no. Yo viajo para encontrarme con mi mujer.

Viaje internacional

Una azafata descubre a un tío con billete de clase turista en primera clase.

—Usted tiene billete de clase turista, ¿cómo se encuentra aquí?

—Muy bien, gracias.

RENFE

En un atestado vagón de tren de cercanías un señor le dice educadamente a otro:

—Si alguien entrara aquí y se sentara encima de su sombrero, ¿usted qué pensaría?

—Que es un cretino.

—Pues le ruego que se levante y me deje coger mi sombrero.

Túnel

La pequeña Lulú viaja por primera vez en tren. En un momento dado el convoy atraviesa un largo túnel. Cuando vuelve la luz, la niña pregunta:
—Mamaíta, ¿ya es mañana?

Organización

La estación de Stuttgart es famosa por la cantidad de rótulos y de indicaciones de altavoces que orientan al viajero en el mare mágnum de andenes y salidas.

Para evitar confusiones, todo se precisa con el mayor detalle, como pude comprobar el otro día. A la llegada de un tren, un poderoso altavoz dejó oír:

—¡Atención! ¡Atención! Los señores viajeros que no lleven equipaje que salgan por la puerta número 2. Los señores viajeros que lleven equipaje deben salir también por la puerta número 2.

Marido ideal

Juan se ha casado con una joven ideal, rubia, de ojos azules... Van de viaje de novios, en un departamento de primera, y Juan, después de un rato, pregunta a su esposa:
—¿Vas cómoda, amor mío?
—Sí, sí —responde ella—; voy muy bien.
—¿Es mullido ese asiento?

—Sí, es muy cómodo...
—¿Te molestan ahí los vaivenes del tren?
—No se sienten apenas.
—Bueno; entonces, levántate y déjame sentar un poquito en ese sitio...

Los fumadores

—Diga usted, ¿se puede fumar aquí? —pregunta un señor en un departamento del ferrocarril.
—No, señor —le contesta un viajero.
—Entonces, ¿cómo está la alfombra llena de colillas?
—Son de los fumadores que no han pedido permiso.

La tarta de bodas

Una pareja de recién casados va en la litera superior de un compartimento de tren. En la inferior va un hombre que al cabo de un rato grita:
—Pero ¿qué diablos están haciendo ahí arriba?
—Estamos comiendo la tarta de bodas —contesta el marido.
A lo que el hombre chilla de nuevo:
—¿Ah, sí...? Pues terminen pronto. Me están vertiendo toda la crema.

Esperando el rápido

Una pareja en luna de miel ha alquilado una habitación en un hotel próximo a la estación ferroviaria.

A la mañana siguiente, el marido sale a comprar el periódico dejando a su mujer en el lecho. En eso llega el rápido de las 8.50 y es tan grande el ruido y el temblor que la mujer cae al suelo. Entonces llama al director del hotel para quejarse de lo acaecido, pero este no la quiere creer.

—¿No lo cree? —inquiere ella—. ¡Métase en la cama y lo verá...!

Apenas el hombre entra en la cama llega el marido que al ver aquello se pone a gritar:

—Oiga, ¿qué está haciendo en el lecho con mi mujer?

Y con voz humilde, el director contesta:

—¿Me creerá si le digo que estoy esperando el rápido de las 9.10?

Sutileza femenina

En un departamento de primera van juntos un caballero y una señora. A poco de ponerse en marcha el señor enciende un habano y entre grandes bocanadas de humo, pregunta:

—¿Le molesta a usted el humo, señora?

—No sé decirle a usted —responde muy seria ella—, porque nunca ha fumado delante de mí ningún caballero...

En un tren

En un tren, tres amigos van borrachos perdidos.

—¿Alguien sabe qué hora es? —pregunta uno.

—Jueves —responde otro, consultando su paquete de cigarrillos.

—¡Gracias! —interviene el tercero—. Es justamente mi estación.

Frenazo

El vagón de tren frena bruscamente y un hombre aplasta a la mujer sentada frente a él.

—Me duele tanto, señora. Perdone.

—No sea estúpido, y menos aún diga mentiras. Es a mí a quien le duele.

En el tren

—Padre, guárdese los billetes, que no hace falta que los demás se enteren de que vamos en tercera.

En la estación

—Déme un billete *pá* Zaragoza.

—Tenga.

—¿Cuánto tardaré en llegar?

—Seis horas.

—*Pos* mire, déme dos a ver si llego antes.

Un criado ejemplar

—No te olvides mañana de llamarme a las cinco, porque ya sabes que el tren sale a las seis.

—Está bien, señor; le despertaré en seguida que llame usted al timbre.

El tren rápido

Hablábase en una reunión de los adelantos ferroviarios, y uno de los presentes contaba a los demás el asombro que le había producido la vertiginosa velocidad que llevaban los trenes norteamericanos.

—Es verdaderamente maravilloso lo que allí sucede —decía—; los coches son casas con todas la comodidades apetecibles, cama, biblioteca, cuarto de baño, comedor, etcétera. Y en cuanto a rapidez no digamos, porque yo he hecho recorridos en donde marchábamos a más de cien kilómetros por hora, que es lo mismo que ir de Madrid a San Sebastián en poco más de media hora.

—Eso no es nada — exclamó un andaluz —, comparado con la velocidad que llevan los trenes en mi tierra. Cierto día fui yo a la estación a despedir a unos amigos y cuando estaba subido en el estribo del coche hablando con ellos por la ventanilla, se acercó un empleado a decirme que no podía estar en aquel sitio; yo, francamente, me mosqueé un poco y le contesté que estaba subido en el estribo porque me daba la real gana y que si se atrevía me bajase de él. El hombre hizo al ademán de agarrarme de la americana; yo me cegué, porque a mí nadie me toca el pelo de la ropa, levanté la mano, arrancó el tren y... le di una bofetada al jefe de la estación inmediata.

La confesión

Una madre y su hijo están en un tren. Pasa el revisor, y cuando ve los billetes que le muestra la mujer, le dice:

—Señora, el niño no puede viajar con medio billete; tiene más de diez años.

—¿Cómo va a tener más de diez años, si hace ocho que estoy casada?

— Mire, señora. Yo estoy aquí por los billetes. Las confesiones se las hace al cura.

El túnel

En el compartimento del tren va una chica, un chico y un viejo.

El tren atraviesa un túnel. Cuando sale, el viejo les comenta a los otros dos:

—¿Sabíais que hacer este túnel costó la friolera de diez millones?

—No, no lo sabía —contesta el chico, limpiándose la mancha de pintalabios—. Pero me parece un dinero muy bien empleado.

Vaya par

Dos locos han decidido coger un tren para irse el fin de semana, y aunque el dinero les alcanza para un solo billete, suben al tren muy tranquilamente. Pasa el revisor; el loco que tiene billete se lo muestra y el revisor le dice:

—¿Y su amigo? ¿No tiene billete?

—No —responde el loco—. Es menor de cinco años.

—¡Pero por favor! ¿Cree usted que soy tonto? ¿Cómo pretende hacerme creer eso? ¿No ve los bigotes que lleva? ¿No ve que mide 1,80 y debe pesar unos cien kilos? ¿Y usted dice que es menor de cinco años?

Entonces el loco del billete encara a su compañero y le dice:

—¡Por lo menos podrías haberte afeitado el bigote!

Elegir posición

Un ligón está en su compartimento del tren. Se abre la puerta y entra una mujer guapísima; entonces él, muy elegante, le pregunta:

—¿Dónde quieres situarte?

Y ella responde:

—Preferiría la cama de arriba.

—De acuerdo, ¿y después, también arriba? ¿O prefieres la posición del misionero?

Moctezuma

Los feroces bandidos mexicanos asaltan un tren. Disparan sobre el maquinista y entran a los vagones pistola en mano. Uno de ellos grita:

—¡No se muevan! ¡Quietos! Las mujeres a la izquierda, serán fusiladas. Los hombres a la derecha, serán violados.

El jefe de la banda se acerca al malhechor y le dice:

—¡Mira que eres estúpido, Moctezuma! ¡Lo has dicho al revés!

Entonces, desde el fondo del vagón, se escucha una vocecita:

—Promesas son promesas, Moctezuma.

La inglesa sorda

En el tren han quedado frente a frente una vieja dama inglesa y un nuevo rico americano que mastica y mastica un chicle. El americano la mira fijamente pero sin verla, absorto en sus pensamientos. Con todo el encanto de la vieja escuela, la educada señora le dice:

—Me sentiría muy complacida de contestarle y entablar una conversación, señor, pero lamentablemente soy sorda.

Niño previsor

En el departamento del ferrocarril, un señor amable pregunta al nene que viaja con su mamá:
—¿Cómo te llamas, guapo?
—Juanito.
—¿Cuántos años tienes?
El nene mira entonces a su mamá y pregunta:
—Mamá, ¿es el revisor?

La espera

Un tren está parado en una estación. Un directivo de RENFE que viaja en él, aprovecha la parada para estirar un poco las piernas. Al cabo de unos veinte minutos, como el tren no da señales de arrancar, se acerca al jefe de la estación.
—¿A qué esperan para hacer salir el tren?
—A que se suba usted, señor.

Tiene razón ella

En el andén de la estación un matrimonio aguarda el tren entre catorce maletas. La señora está llorosa y dice:
—¿Y por eso me llamabas boba o inútil?
—¡Es que tienes cada cosa, mujer...!
—Pero no tienes razón de insultarme así, total porque no me acuerdo en cuál de las catorce maletas he metido el dinero y los pasaportes.

En el tren...

Gedeón va de viaje y toma un billete de segunda, pasándose a primera clase.

Cuando ya lleva un buen rato de viaje, entra el revisor y le pide el billete.

Gedeón se lo entrega, diciéndole el revisor:

—¿Por qué va usted en clase superior a la que ha pagado?

—¡Ay, señor revisor! Porque aquí se va de primera.

Muy caros

El revisor le dice a una señora:

—Esto que lleva es un billete de andén.

—¡Pues claro! —contesta la señora. Y añade tranquilamente—: Cualquiera compra de los otros, al precio que están...

Uno de escoceses

La estación distaba algunos kilómetros del pueblo, y un viejo escocés le pregunta a un taxista:

—¿Cuánto me costaría ir a la estación?

—Trescientas pesetas, señor.

—¿Y cuánto por las maletas?

—Por las maletas no se paga nada, señor.

—¡Estupendo! —exclama el escocés—. ¡Entonces lléveme las maletas que yo iré a pie!

El distintivo de las solteras

Una señora le dice al revisor del tren:

—Vengo de Roma a ver si me caso, porque ya sabrá usted lo que significa el color verde de este lazo...

—¿El color verde? Sí, señora, ¡es precaución!

El primer viaje

—Querida —dijo a la novia, mientras el tren salía del túnel—, si hubiera sabido que el túnel era tan largo te habría dado un beso.
—Pero, ¿cómo? ¿No has sido tú?

Seguridad

Un revisor de un tren le dice a un niño bastante crecidito que viaja acompañado de su madre, sin billete:
—¿Seguro que sólo tienes cuatro años?
—¡Claro que tengo cuatro años!
—¿Seguro que no te equivocas?
—Segurísimo. Hace tres años que digo lo mismo.

En el tranvía

Un chico que ha vivido siempre en el campo se encuentra en la ciudad y sube a un tranvía. El vehículo va llenísimo y un pasajero, sin querer, le da un pisotón.
—Lo siento, perdona —dice el pasajero.
—No se preocupe —le dice el chico—. Como vivo en el campo ya estoy acostumbrado a que las bestias me pisen.

El goloso

En la estación, al ver pasar un tren, Jorgito pregunta a su amigo Alberto:

—Figúrate que aquel tren es de chocolate, ¿por dónde empezarías a comértelo?

—Por las ruedas, así no podría escaparse.

Una equivocación

Tres señores muy bebidos y empujados por un exceso de alcohol, aparecen en una estación ferroviaria en el preciso instante en que arranca el tren.

Al verlos hacer eses y tratar torpemente de alcanzarlo, el jefe de estación y un mozo de cuerda ayudan a subir a dos de ellos, pero no consiguen auxiliar al tercero, que se queda triste en el andén, viendo alejarse el convoy.

—Lo siento mucho —le dice el jefe—. ¡Ojalá hubiéramos logrado hacerlo subir a usted también...!

—Más... lo van a sentir... mis amigos... ¡hip!..., que habían venido a despedirme...

Pensó hacerlo

Llega el tren a la estación. Pálido, desencajado, el viajero desciende del vagón y saluda al amigo que ha ido a esperarlo.

—¿Qué te ocurre que tienes esa cara? —pregunta el amigo.

—Estoy descompuesto —responde el viajero—. Cada vez que viajo de espaldas a la dirección en que avanzamos me descompongo...

—¡Caramba...! ¿Y por qué no le pediste al que viajaba frente a ti que cambiase su asiento por el tuyo?

—Pensé hacerlo... Pero es que el asiento frente al mío estaba desocupado...

¿Y qué más?

Una señora desea hacer un viaje de placer y pide su billete en la central de ferrocarriles. Le dice el empleado de ventanilla:

—Quiero un billete en el primer coche, departamento central, al lado de la ventanilla, de cara a la máquina...

—Bien, señora —le interrumpe el empleado—. ¿Quiere también televisión en color, champán...?

En el tren

El revisor del tren viene recogiendo los billetes. Debajo del asiento descubre un polizón.

—Por favor —dice este—. Déjeme ir. Voy a la boda de mi hija. ¡Tenga compasión! ¡Comprenda! Mi hija se casa mañana...

Enternecido, el interventor lo deja. Pero justamente entonces descubre otro polizón bajo el mismo asiento.

—¿Y usted? —le pregunta muy serio.

—Yo soy el novio —contesta.

Hay que comer

Los recién casados partían en tren, en viaje de luna de miel. Y cuando estuvieron solos en el compartimento, dijo él:

—Ahora, querida, tú y yo somos una persona solamente.

—Ya lo sé, amor mío —respondió ella—; pero cuando venga el camarero haz reservar dos cubiertos en el coche comedor, ¿eh?

Sobre cuatro ruedas

Campesino hábil

Un turista queda atascado en el barro de una carretera y tiene que remolcarle un granjero con su yunta de bueyes. El forastero paga las quinientas pesetas que le pide el campesino por los servicios prestados y comenta con él el incidente:

—Supongo que estarán día y noche ocupados en sacar del atolladero a los que vienen por aquí...

—¡Qué va, qué va! —responde el labriego—. De día sí que estamos muy ocupados, pero de noche tenemos que llenar de barro la carretera.

Responsabilidad profesional

El guía, inmediatamente después que el autocar, repleto de turistas, ha volcado:

—El hospital adonde serán ustedes llevados data del siglo XIV. Fue restaurado en el siglo pasado, con enorme éxito, por el célebre arquitecto...

Buena conductora

Después del banquete nupcial los recién casados salen de viaje montados en un magnífico automóvil, conducido por la mujer.

—Es la tercera vez que te pones al volante —le reprocha el asustado marido—. Tengo pánico cuando tomas las curvas a toda velocidad.

La joven esposa sonríe y replica:

—Relájate y haz como yo: cierra los ojos.

Sustituir la vaca

Un viajero atropella a una vaca en la carretera comarcal. El conductor busca con la mirada la casa, se dirige hacia allí y, compungido, le dice al campesino:

—Lo siento. Temo que he atropellado a su vaca. ¿Puedo sustituirla?

—No sé —responde el buen hombre—, eso depende. ¿Usted cuántos litros de leche da al día?

Autostop

El camionero detiene su camión en una carretera, donde está haciendo autostop una chica con aspecto de haberse tirado horas esperando.

—¡Suba, señorita! ¡No se crea eso de que los camioneros sólo subimos a las chicas bonitas!

La huelga

El hombre va conduciendo por una carretera comarcal y de pronto ve, sorprendido, cuatro vacas en el prado, con las patas hacia arriba. Como el vaquero está cerca, el hombre le pregunta cómo se explica eso.

—Estas vacas <u>son</u> muy <u>listas</u>, como hoy hay huelga de ferrocarril, están mirando pasar los aviones.

El acostumbrado paseo

Dos jóvenes recorren en coche una acostumbrada carretera de campo mientras van admirando el paisaje; la chica suspira y pregunta:

—¿Es realmente peligroso conducir un coche tan pequeño como este con un sola mano?

—Naturalmente —responde el joven—. Un amigo mío, hace poco, por conducir así ha acabado... en la iglesia.

El verdadero motivo

En una carretera comarcal, de un camión, que evidentemente no tenía la carga bien asegurada, se cae un tronco de árbol y rompe un cochecito utilitario que le seguía. Del coche baja una bella mujer, que llorando dice:

—La verdad es que no es por el dinero, sino porque no conseguiré convencer a mi marido de que ha sido el árbol quien me ha venido encima y no al contrario.

No se dejaban tocar

El conductor de un camión que transportaba gallinas desde la granja hasta Madrid, también llevaba un papagayo de un amigo que enviaba a su familia. En la carretera, el chófer se detuvo para hacer subir a una hermosa joven que hacía autostop. Pero unos minutos después la mandó bajar, diciendo:

—¿No te dejas tocar? ¡Está bien! Harás el camino a pie...

Al llegar a Madrid vio con estupor que sobre el camión sólo quedaba una docena de gallinas. Y que el papagayo sostenía a una por el ala, la arrojaba a la carretera y le decía:

—¿No te dejas tocar? ¡Está bien! Harás el camino a pie...

El árbol en el parachoques

Un individuo cuenta a un amigo su viaje:

—¡Fue algo alucinante...! —dice—. Los faros no funcionaban. La niebla me envolvía. Por más que viraba a la derecha, a la izquierda y procuraba mantenerme en el centro de la carretera, ¡siempre un maldito árbol se ponía delante de los ojos!

—La obsesión, naturalmente.

—¡Ca! ¡Que me había llevado uno por delante y se mantenía erguido en el parachoques!

Ruido infernal

Dos novios salen de excursión en coche.

—El tubo de escape hace un ruido infernal —dice él.

Ella desde el asiento posterior pregunta:

—¿Qué has dicho?

—He dicho que el tubo de escape hace un ruido infernal —contesta él gritando.

—¡No oigo absolutamente nada! El tubo de escape hace un ruido infernal —dice ella gritando más.

El vagabundo

Apoyado contra un árbol de la carretera, un vagabundo dormita tranquilamente. De pronto, un viajero que conduce un automóvil lujoso se detiene junto al pobre y le pregunta:

—¿En qué dirección queda el pueblo más cercano?

El vagabundo no contesta nada y se limita a señalar en una dirección con el dedo del pie que le asoma por un roto del zapato.

—Si usted puede hacer una demostración de haraganería más completa que esta —replica indignado el señor—, le daré mil pesetas.

Sin moverse siquiera, el vagabundo responde lentamente:

—¡Póngalas en mi bolsillo y verá...!

Por si acaso...

Varias amigas, mientras toman el té, hablan de automóviles.

—¿Y tú, por qué no conduces ahora? —pregunta una.

—Verás —responde la aludida—. Durante un largo viaje en automóvil tomé el volante para que mi marido pudiese descansar. Como soy algo inexperta, me asusté terriblemente cuando al salir de una curva de la carretera vi frente a mí un enorme camión de remolque que había volcado y cuyo motor humeaba de modo alarmante.

—¿Y qué hiciste? —se impacientó una de las presentes.

—Temí que pudiera hacer explosión, y frené violentamente, al tiempo que gritaba: «¿Qué hago en este caso?».
—Y tras un descanso, agregó—: Mi marido, que estaba descabezando un sueño, se despertó sobresaltado, y viendo el maltrecho camión en el suelo, exclamó pasmado: «¿Cómo hiciste eso...? ¿Cómo diablos has podido volcar ese camión?».

—¿Y qué pasó luego? —inquiere una de las amigas.

—¡Pues que desde aquel día no he vuelto a conducir!

Uno de coches

Un joven que acaba de comprarse un coche de gran potencia, lleva consigo a un compañero para darle un paseo y así experimentar juntos las cualidades del auto nuevo.

Llevan cosa de diez kilómetros a más de ciento setenta kilómetros por hora, cuando el dueño del coche le dice a su amigo:

—¿Verdad que uno se siente encantado de vivir?

—Sería más exacto decir admirado —responde el compañero.

Volando

En la autopista, un automovilista va a ciento ochenta kilómetros por hora. De repente, lo detiene un policía y le pide el permiso de conducir.

—¿Conducía muy deprisa? —pregunta el automovilista, en un tono contrariado.

—¡Oh, no! —responde el policía—. ¡Estaba volando muy despacio!

Transportistas

Es de noche. Un camión de gran tonelaje corre por la carretera.

Va ocupado por dos conductores: uno que va al volante y el otro que duerme tendido en la colchoneta. De pronto, el que duerme se despierta, se estira y pregunta a su compañero:

—¿Todo marcha bien?

—Sí.

—¿Dónde estamos?

—No sé —dice el que conduce—, pero debemos de estar muy cerca de una gran población.

—¿En qué te fundas?

—En que cada vez atropello a más gente.

¿Habla usted mi idioma?

Dar lo que me pida

A una turista sueca, joven y hermosa, que veraneaba en una pequeña población catalana de la Costa Brava se le extravió un perro de raza e inmediatamente hizo insertar un anuncio en el diario local ofreciendo dar lo que pidiera a quien le devolviese su can o diera noticias de él.

Esperó todo el día en el hotel y a última hora de la tarde se presentó en las oficinas del periódico para saber el resultado del anuncio. Pero al ver todas las ventanillas cerradas, preguntó extrañada al viejo conserje:

—Oiga... ¿es que no hay nadie aquí?

—No, señora —respondió el hombre—. Todos han salido en busca de su perro.

Objetos perdidos

En la oficina de objetos perdidos se presenta un noruego con cara de estar de vacaciones:

—¿Por casualidad no habrán encontrado... un salmón así de grande con un anzuelo de cuchara recién clavado?

Uno de escoceses

Un escocés visita un museo de reliquias egipcias y al ver el precio de la entrada trata de colarse, pero un funcionario advierte la jugada y lo echa con cajas destempladas, a lo que el escocés exclama:

—¡Pero, hombre!, ¿no podríamos encontrar alguna manera para que no tuviera que pagar?

—Hágame embalsamar.

Uno de turistas

Una pareja de belgas, tan gordos que asustan, coge un coche de caballos en el centro de Sevilla y le dice al cochero:

—A la Giralda.

El cochero se santigua y el caballo echa a andar, mal que bien, hacia la Giralda. Una vez allí, los turistas insisten:

—Ahora a Triana.

Y luego, a la Torre del Oro, y a la catedral, y así todo el día, hasta que al fin se deciden.

—Al hotel.

Y el caballo respira ya tranquilo.

Pero al llegar al hotel y pedir la cuenta, el cochero les dice:

—Pues *ná*; han sido tantos viajes y son treinta mil pesetas.

—¡Esto es carísimo! Nosotros querer ver tarifa... —se quejan los turistas.

Y el caballo, harto ya, exclama:

—A Tarifa os va a llevar vuestros padres de ustedes.

El *water-closet*

Una turista inglesa se apea precipitadamente de un tren de cercanías y muy apurada se dirige a la primera aldeana que ve:

—¿Dónde estar el *water-closet*, por favor?

La mujer, muy extrañada, responde:

—¡Ay, yo no sé...! ¡Como no sea aquel señor del sombrero de paja que hay allá...!

Callar un momento

Llega la hora de la excursión. Como previene el horario, un autobús comodísimo recibe a los turistas, que en este caso son solamente señoras y señoritas.

Se acomodan y parte veloz el automóvil, que se detiene en el sitio indicado. Se apean. Siguen al guía y por un estrecho pasadizo llegan junto a las grandes cataratas que son el objeto de la visita. Comentan. Charlan sin cesar. Y el guía que de pronto reclama silencio para comenzar sus explicaciones:

—Vamos, señoritas; a ver si son ustedes tan amables de callar un momento. Sólo así podrán oír el tremendo ruido que hace el agua al despeñarse, aunque no tanto como el que hacen ustedes al hablar...

Los caracoles

En una aldea, una turista inglesa comenta en la fonda lo barato de los precios y la escasa variedad de sus comidas.

—Su pobreza —dice—, ser debida a la indolencia que producir su parca alimentación.

Y para reforzar sus argumentos pregunta a un aldeano:

—Usted, por ejemplo ¿qué ha comido hoy?

—Una ensalada y seis caracoles.

—¿Lo ve? ¿Cómo puede trabajar con esa comida?

—Bueno —aclara el aldeano—. La verdad es que los caracoles eran ocho, pero dos estaban vacíos, ¿sabe?

Ropa seca

Uno de tantos turistas como hay ahora por los pueblos se cayó el otro día a una profunda balsa que hay cerca de la playa de una localidad española.

—¡Auxilio! ¡Socorro! ¡Que me ahogo! —gritaba el forastero.

Al oír sus desesperados gritos acudieron varios hombres; pero en vez de echarle una soga para intentar sacarlo del agua, no se les ocurrió otra cosa que salir corriendo, mientras uno de ellos decía:

—¡No se preocupe! Ahora vamos a buscarle ropa seca...

Turista en Irlanda

—Es una pena —le dice un turista al propietario de un hotel irlandés de la costa—. Aquí siempre está lloviendo; ni que fuera el Diluvio Universal...

—Perdone, no sé qué quiere decir.

—Sí, hombre, el Diluvio, Noé, el arca, los animalitos...

—Perdone, pero con el trabajo que tenemos en temporada alta no tengo tiempo ni para leer los periódicos.

Viaje turístico

Dos amigos conversan en la cafetería:
—El año pasado, con la familia —dice uno—, visitamos París en dos días.
—¿Cómo es posible ver París en dos días? —replica el otro.
—¡Ya lo creo! Mi esposa visitó las tiendas de modas, mi hija los museos y yo los cabarets...

Comparación

Es verano. Un joven turista va vestido con traje blanco, blancos zapatos y un sombrero completamento negro.
Una gitana, al verlo pasar, le dice:
—Compadre, con esta indumentaria *parese una serilla apagá...*

De Pirineos al norte

Dos viejos ven pasar ante ellos a una bella y joven extranjera.
—¿Qué te parece? —pregunta uno al otro, dándole un significativo codazo—. ¿Te gusta?
—¡Ya lo creo! —contesta su compañero—. Tú sabes que yo tengo fe en el más allá, de Pirineos al norte, claro...

Dos veces al año

Un italiano llega a Londres. Llueve y el turista expresa su disgusto y preocupación. Va a pasar unos días, y el mal tiempo supone un verdadero contratiempo.

—¿Llueve con mucha frecuencia? —pregunta al recepcionista del hotel.

—No, señor. Dos veces al año —responde este.

—¿Y dura mucho cada vez?

—Unos seis meses.

¡Aquí es!

Un turista extranjero, sube a un taxi conducido por una bella morena que le pregunta:

—¿Adónde va, señor?

—Dígame en confianza —contesta él—: ¿puede recomendarme un sitio en el que pueda quemar cien dólares, estando seguro de disfrutar por mi dinero?

—¿A cuánto está ahora el dólar? —inquiere la conductora.

—A unas ciento doce pesetas.

—Está bien —dice ella.

Y dejando su asiento va a reunirse con su cliente en el asiento de atrás, mientras exclama:

—¡Aquí es, señor!

El terremoto

Nada más llegar a Grecia, un turista italiano simpatiza con los griegos que le ofrecen su primera copa en suelo helénico.

—¡Tome, guste este ouzo! —le dicen—. Es una bebida nacional que consumimos aquí de forma corriente.

El turista vacía su copa de un trago, y pronto los muros se ponen a girar, el piso se oculta y el techo se agrieta.

—¡Bien...! —exclama el turista—. ¡Este licor es bueno, pero muy fuerte...!

—¡No! —le dice uno de los griegos—. ¡Por el contrario, es muy ligero...! ¡Ve: esto ya ha terminado! ¡No era más que un pequeño temblor de tierra...!

Ya lo había pagado

Un turista penetra en el más lujoso restaurante de París; pero al terminar de comer y ver la cuenta le acomete un gran furor. La cifra es astronómica.

—¡Esto es intolerable! ¡Esto es una estafa...! —exclama.

Acude el gerente azorado y le dice:

—Mire usted, caballero. Ha comido usted sobre manteles de Damasco, con la vajilla de plata maciza, entre bronces y espejos... ¿No comprende usted que todo eso hay que pagarlo?

El extranjero se deja convencer y paga. A los pocos días vuelve, y al presentarle la cuenta arma un escándalo indescriptible.

—¡Pero, caballero! —le dice el gerente—. Ha comido usted rodeado de lujos, y todo esto hay que pagarlo...

—Estoy conforme; ¿pero se ha olvidado usted de que ya lo pagué el otro día...?

En Arabia

Un turista visitaba un país árabe y, al llegar a un pueblecito, vio a una pobre mujer trabajando rudamente mientras su marido, sentado a la puerta de la casa, dormitaba plácidamente.

—¡Fíjese en su esposa! —le gritó enojado el turista—.

¡Está cargándose, sin ayuda, ese enorme canasto de ropa!

—¡Bah! ¡Eso no es nada! —respondió el marido abriendo un ojo—. Cuando tiene ganas de trabajar, se carga hasta dos de esos canastos.

El televisor

Una extranjera, de paso por Nueva York, compró un televisor para llevarlo de regalo a sus familiares.

—¿No se consiguen televisores en su país? —le preguntó el vendedor.

—Sí, naturalmente. ¡Pero los programas de aquí me gustan mucho más!

Comerciante condescendiente

Al llegar a un pintoresco pueblo el turista se da cuenta de que se olvidó de coger en casa un cepillito de dientes. Poco después entraba a comprarse uno, en una tienda donde se vendía de todo.

El tendero le enseñó dos modelos: uno duro y uno suave.

—Llévese los dos —le propuso— y pruébelos, ya me dirá mañana cuál de los dos le conviene.

A la mañana siguiente el forastero devolvió el cepillo duro.

—¡Ah! —exclamó el tendero—. Estaba seguro de su elección. Con usted son veinte las personas que me devuelven este.

El castillo

El guía turístico señala al fondo y dice:
—Vean el célebre castillo que mandó edificar el rey Luis III.
—¿Dónde está? ¡Yo no lo veo! —exclama un turista.
—Es que lo mandó construir —replica el guía—; pero no le hicieron caso.

Divisas pecadoras

Tres solteronas comentan la próxima invasión turística que, como cada año, se producirá en España.
—Asustada estoy —dice una de ellas—, sólo de pensar en cómo se bañarán las extranjeras este año. ¿Llevarán bikini?
—Pues a mí lo que me preocupa —replica otra—, es pensar que este verano entrarán muchos millones de divisas pecadoras...

El granjero mecánico

A dos lindas turistas se les estropea el coche junto a una granja. El granjero, atraído por la belleza de las dos muchachas, les pregunta:
—¿Qué les ocurre?
—Nosotras no saber —contesta una chica.
El granjero se remanga y, tras levantar el capó del coche, empieza a hurgar en los cables del motor, mientras las jóvenes, pegadas a él, le ven hacer.

La mujer del granjero acude al oír las risas juveniles y al ver a su marido haciendo de mecánico, le grita:

—¡Oye, querido, no finjas más! Tú sabes bien que no entiendes nada de automóviles...

No era inglés

Cerca de una sala de fiestas, un joven con la nariz sangrando y un boquete en la cabeza, se carcajea sin cesar ante un grupo de curiosos que no salen de su asombro. Uno de ellos pregunta:

—¿Cómo tiene ganas de reírse en ese estado tan lamentable? ¿Qué le ocurre?

—Pues que estando en la barra del bar ha entrado un fulano, me ha insultado y me ha largado un tremendo puñetazo, diciendo: «¡Toma, cerdo inglés!»; después me ha cogido del cuello y de un puntapié me ha lanzado aquí a la acera...

Y de nuevo estalla en una sonora carcajada.

—Pero ¿por qué se ríe? —inquiere uno—. ¡Vamos, hable...!

—¡Es que no soy inglés, sino alemán...!

La recompensa

Un bañista inglés pregunta a un pescador francés:

—¿Por qué, siempre que me baño en estos acantilados, usted se sienta en las rocas para verme? ¿Le gusta verme nadar?

—No, señor —responde el pescador—. Es que aquí, cuando un bañista se ahoga, le dan cien francos al que encuentra el cadáver.

Nombre enrevesado

El policía de tráfico detiene el coche de un turista extranjero.

—Señor, acaba usted de cometer una infracción; le voy a denunciar —dice sacando el bloc y el bolígrafo.

Y al tiempo de comenzar a escribir, pregunta:

—¿Cómo se llama?

—Wolfgang Schredelthurmelwicz Chimichweiztrut —responde el turista.

El guardia queda un instante indeciso, sin saber cómo escribir aquel nombre tan enrevesado. Por fin, haciendo como que se muestra generoso, dice guardando el bloc:

—Bueno, por esta vez váyase, pero tenga más cuidado...

El eco andaluz

Un inglés visita Granada y comenta con el guía que le acompaña en su recorrido por la ciudad:

—Mire usted, en la torre de San Pablo, de Londres, repercute la voz de tal manera que si dice: «¡Ecoooo...!», responde igual.

El guía, pareciéndole una exageración, replica:

—¡Bah...! *Poz* eso no es *ná pá* la Alhambra, que paso por *ayí* y digo: «¡Ecoooo...!», y me responde el eco: «¡Vaya *uzté* con *Dió, señó Gonsález*!»

Un escocés en un bar

Un escocés llega a la capital de España. Es la primera vez que abandona su país y que visita Madrid. Al cabo de una hora de haber llegado entra en un bar y pregunta cuánto cuesta un café.

—Cien pesetas en la mesa —le responde un camarero— y setenta pesetas si lo toma usted de pie.

El escocés medita unos instantes y contesta:

—¿Y si me apoyo en una sola pierna?

Dólares

Un turista galés se ha embarcado para América. Sin embargo, está intranquilo e inquieto, pues el viaje le ha costado un montón de dinero. Inútilmente intentó ir en «cuarta clase» o embarcarse en un carguero.

Una vez llega a Nueva York, ve a un buceador salir del agua y, entonces, dándose un golpe en la frente, exclama:

—¡Si lo hubiese pensado antes!

Historia

Un francés y un inglés viajaban juntos y, para matar el tiempo, deciden contarse algún chiste. Al que dijera el mejor chiste, el otro le pagaría una botella de champán.

Empieza el francés:

—Cuando Francia venció la guerra mundial...

—¡Basta! —interrumpe el inglés—. Me ha tocado a mí pagar la botella.

Turista indignado

En un país del Tercer Mundo, el turista ve, azorado, a un hombre sobre un mulo. Al lado de este camina la mujer, con un grueso fardo a la espalda. El turista se indigna:

—¡Oiga! ¿No le da vergüenza ir sobre el mulo y dejar todo el peso a su mujer?

El hombre lo mira beatíficamente. Se sonríe y no responde.

La que sí toma la palabra es la mujer:

—¿Por qué no se mete en sus asuntos? ¿Cree usted que yo quiero a un hombre cansado en la cama?

La estatua

Un grupo de turistas visita un museo. La guía los hace detenerse delante de una estatua que representa a una mujer, sin brazos y con una sola pierna.

—Es la estatua de la Victoria —explica.

Uno del grupo no se contiene:

—¡Me gustaría saber cómo es la estatua de la Derrota!

Difícil contestación

En la Costa Brava, el pasado verano, un avispado periodista pregunta a una hermosa y joven extranjera:

—Y usted, ¿qué piensa de los hombres españoles?

A lo que la bella responde:

—Usted me pone en un aprieto, señor.

—¿Por qué? —se extraña el reportero.

—Pues porque soy recién casada y estoy aquí con mi marido...

Turistas

Un matrimonio anciano pasea por Venecia. En la Plaza de San Marcos, los dos se ponen a contar las palomas, entusiasmados por la gran cantidad que de ellas hay en esa plaza. Un listorro que les ha seguido, cuando les ve, se acerca y mirándoles con aire severo les increpa:

—¿No saben que está prohibido contar las palomas en esta plaza? —les dice.

El marido se excusa educadamente, y el listorro insiste:

—¿Qué perdón ni qué perdón! ¿Cuántas han contado en total?

El matrimonio se lanza una mirada y él responde:

—Bueno, había llegado a 58.

—¡Muy bien! —dice el fingido guardia—. Han cometido una infracción. Deben pagar una peseta por cada paloma. Por lo tanto son... 58 pesetas.

Sin protestar, el turista busca su cartera y paga. Apenas el fingido guardia se vuelve de espaldas, le susurra a su mujer:

—Lo hemos conseguido, cariño. Yo había llegado a 198. ¿Y tú?

Precaución

Junto a las ruinas de un templo griego, una turista americana está posando para una fotografía.

—Procure no fotografiar mi coche —le dice al fotógrafo—, porque si no mi marido va a creerse que he sido yo la que ha destruido el templo.

Americanada

—Nosotros, los americanos —dice un turista—, tener muchos edificios como este e incluso más grandes.

—Le creo —le contesta la guía—. Este edificio es un manicomio.

El turismo

Antonio regresa de un viaje a Italia.
—¿Qué te ha parecido Roma? —le pregunta un amigo.
—Es una ciudad magnífica —responde Antonio—, pero sus principales monumentos están en ruinas y en estado de inmediata reparación.

El eco

Mientras un turista contempla el espectáculo de un pequeño lago cobijado entre altas montañas, se le acerca un guía y le dice:
—Oiga, amigo: desde aquí se oye el eco muy bien, sólo hay que gritar mucho. Diga usted muy fuerte: «¡Dos bocadillos de jamón y dos cervezas!».
El turista obedece y acto seguido escucha con atención.
—No viene ningún eco —comenta desilusionado.
—¡No importa! —replica el guía—. De todos modos, amigo mío, ahí llega un vendedor con los dos bocadillos y las dos cervezas...

El orangután

Cuatro amigas en viaje turístico toman el té en un bungalow de la India. De repente, un enorme orangután, surge de la selva y se apodera de una de las señoras, llevándosela en sus velludos brazos, a pesar de sus estridentes gritos.
Una vez que ha pasado el momento embarazoso, una

de las tres mujeres que quedan, se vuelve a sus amigas y, con visible envidia, dice:

—Me pregunto, ¿qué podrá encontrarle a ella que no tengamos las demás?

Curándose en salud

Un turista deambula por el muelle de Barcelona cuando oye gemidos lastimeros. Es un norteafricano que, sentado en el suelo, se lamenta dolorosamente.

—¿Qué le ocurre? —le pregunta el turista.

—Es por mi trabajo —responde el obrero—. Todo el día cargando cajas y paquetes. ¡Es para morirse...!

—¡Pobre hombre...! ¿Cuántos años lleva así?

—Ninguno. Empiezo mañana a trabajar —contesta el obrero rompiendo a llorar.

Echar los tejos

El abuelo de Jaimito

Bocazas como es, el abuelo de Jaimito le contaba un día a su nieto sus andanzas de juventud.

—Cuando yo era joven, era capaz de ligar hasta con cien mujeres a la vez...

—Pero, abuelo, si el año pasado me dijiste que eras capaz de ligar con cincuenta...

—Es que entonces eras muy joven y no podías saber toda la verdad.

Exageración

Dos amigas se encuentran en la calle después de las vacaciones de verano y una de ellas dice:

—Me han dicho que en Ibiza hiciste amistad con un joven muy rico, propietario de un yate...

—Sí, es cierto —replica la amiga—; pero, desgraciadamente, no tan sólo exageró su fortuna y el tamaño de su yate, sino que, además, me sacó todos mis cuartos y me hizo remar en su barquichuela... ¡Para que te fíes de ciertos millonarios...!

El donjuán

Uno de tantos donjuanes de verano como andan por ahí se acerca a una bella turista con intención de conquistarla.

—No insista usted —le dice la muchacha con firmeza—. Conozco sus trucos de seducción y ya sabe lo que le he dicho.

—¡Pues sí que os estáis poniendo raras las suecas —replica él—. Así que si no me caso contigo, ¿no hay nada que hacer...?

Un turista impaciente

El turista alemán que no se come un rosco está decidido a ligar. En la esquina ve una chica muy guapa, se le acerca y le pregunta:

—Buenas noches, *señoguita. ¿Me puede decig* la *hoga, pog favog?*

—Las ocho.

—*Ggacias.*

Al cabo de un instante, le pregunta:

—*Señoguita, pog favog,* ¿me puede *decig* la *hoga?*

La chica se vuelve, extrañada, y le dice:

—Las ocho y un minuto.

Y al rato:

—*Señoguita,* ¿qué *hoga* es, *pog favog?*

La chica, ya molesta, le dice:

—Pero bueno, oiga, ¿qué quiere? Ya está bien.

—Sí, ya está bien. Basta de *gomance* y vamos a *follag.*

Cortejadores

Un joven trata de tocar la fibra sensible en el corazón de su amada:

—Tienes que saber, que todas las mañanas, nada más me despierto, tú eres mi primer pensamiento.

La joven:

—Eres verdaderamente amable, pero tu hermano dice lo mismo.

El joven:

—¿De verdad? Pero tienes que saber —responde orgullosamente— que yo me levanto media hora antes que él.

Buena conducta

Un agente de circulación, se dirige con aire amenazador hacia una bella automovilista que le ha hecho salir de la carretera.

—¡Usted se ha pasado un semáforo en rojo! —le grita el agente—. ¡Esto le va a costar, por lo menos, seis mil pesetas de multa...!

Al oír esto, la conductora sonríe coqueta y responde:

—¡Oiga, a propósito de colores! ¡Debe saber que yo siempre he soñado con hacer el amor con un guapo policía de hermosos ojos verdes como los suyos...! ¿Qué le parece mi oferta?

Se ignora si el agente cursó la denuncia.

El destornillador

Una joven conductora se halla bajo su coche, intentando arreglarlo. Ella intenta en vano colocar un tornillo, y al moverse se encuentra con las faldas al aire.

Algo aturdida, pregunta a un campesino que acude para ver más de cerca lo que ocurre.

—Oiga, ¿usted no tendrá por casualidad un buen destornillador?

El aldeano hace una mueca significativa y contesta:

—¡Señorita, yo tengo una cosa..., pero no sé si es un destornillador...! ¿Quiere verla?

Desfile de modelos

El otro día estaba Juan Pérez contemplando un desfile de modelos. Había una que era una mujer estupenda, maravillosa. Juan estaba en una esquinita por donde necesariamente tenían que pasar todas las chicas al salir o entrar en escena.

Una de las veces pasa la modelo monumental y Pérez le suelta un piropo muy fino, elogiando el vestido que en aquel momento exhibe. Ella se revuelve entonces muy molesta y replica en voz baja:

—¡Idiota...! En eso se fija usted, ¿en el vestido?

¿Y el dinero?

Un hombre bastante joven está sentado en la barra de una discoteca. Se acerca una muchacha sexy y le pide que la saque a bailar.

—No soy Fred Astaire, pero bailaré —contesta rápidamente el hombre.

—¿Me invitas a beber una copa? —pide luego la chica.

—No soy Alain Delon, pero te invitaré.

Después de haber bebido, la joven pregunta con voz tentadora:

—¿Quieres venir a mi casa para hacer el amor conmigo?

—No soy Robert Redford, pero iré.

Después de pasar un par de horas agradables en el

apartamento de la muchacha, el hombre se viste dispuesto a marchar. Ella le dice:

—¡Eh, un momento! ¿Y el dinero?

El hombre se encoge de hombros con indiferencia y responde:

—No soy avaricioso, pero lo aceptaré.

El poder negro

Un explorador encuentra en una tribu africana a una bella joven negra. Le propone hacer el amor y ella acepta encantada. Dos horas después sale él de la tienda tambaleándose y con aspecto de agotado.

—¿Qué te pasa? —le pregunta, alarmado, un compañero.

—¡Chico! —responde el explorador—. ¡Que ahora sé lo que significa «el poder negro»...! ¡Esa joven casi acaba conmigo!

De sangre azul

Una amiga cuenta a otra sus relaciones amorosas:

—Fíjate si estará enamorado Luis, que me ha escrito la declaración con su propia sangre.

—Pues, chica, parece tinta.

—No, querida. Es que por sus venas corre sangre azul.

Proposición matrimonial

Un señor ya maduro y muy rico pide relaciones amorosas a una joven y hermosa morena, que no le hace ningún caso. Ante la negativa de la muchacha el hombre insiste, diciendo:

—Y además de mis propiedades en España y en el extranjero soy dueño de una úlcera de estómago, he pasado por dos infartos, tengo la tensión alta y cada día me da un mareo. ¿Se decide de una vez a casarse conmigo, mi futura viuda?

Modestia

En un banquete una damita se sienta junto a un célebre escritor. Es una de sus más fervientes admiradoras y esta noche se ha acicalado con el gusto más exquisito. Sin embargo, no logra trabar conversación con él. Por fin, se acerca al escritor y le dice en voz baja:

—Profesor, por usted me he puesto mi vestido más bonito. ¿No lo ha notado?

El escritor levanta la cabeza, se ruboriza y tras echar un trago dice muy apurado:

—¡Oh, yo no me merezco eso, señorita! ¡Por mí no se debiera haber puesto nada...!

El hipopótamo

Un joven algo miope dice a una hermosa muchacha:

—Esta mañana te he visto en la playa cuando te bañabas con un hipopótamo de caucho.

—Te equivocas, querido —replica la muchacha—: era con mi mamá con quien me bañaba.

La minifalda

—¡Qué maravillosa es usted, señorita! —dice un viejo verde a una linda joven minifaldera.

—¿Por qué, señor? —pregunta riendo la muchacha.

—Pues porque se atreve a llevar la mini. ¡Muchas rebeldes así es lo que hace falta...!

Invitación

Un hombre joven ve a una muchacha en la calle y le dice:

—Al verla sonreír me dan ganas de invitarla a mi casa.

—¡Es usted un atrevido! —replica ella.

—No; soy dentista.

Piropo

Un hombre ve pasar a una chica muy guapa cerca suyo y le dice:

—Si yo fuera san Pedro, no entraba usted en la gloria, se quedaba en la portería.

El beso

Una rubia muy sexy pasea por el campo con un enamorado bastante tímido. Sin embargo, haciendo acopio de valor el muchacho la abraza y la besa con delicadeza en el cuello. Entonces ella exclama:

—¿Sabes, querido? Es la primera vez que me dejo besar en el cuello por un hombre.

—¿Es que nunca has querido a nadie antes que a mí? —pregunta él.

—¡Oh, sí! Sólo que los otros comenzaban más abajo, ¿sabes?

Ir a la cama

Un joven muy tímido ve a una hermosa muchacha en un bar. Deseando entablar conversación con ella se sienta y le ofrece una copa. Luego, más animado por la amabilidad de la chica, le pregunta:

—¿Nunca va usted a la cama con los hombres?

A lo que la muchacha responde sonriendo con gran picardía:

—Nunca antes de ahora; pero contigo cederé, granuja, porque sabes más que el diablo... ¡Anda, vamos...!

Vuelta de vacaciones

—¡Hola, Pedro! Vi el otro día al ligue que te llevaste a Cadaqués, está morenísima, en cambio tú tienes un color raro...

—Yo es que me puse morado.

Listín telefónico

En una fiesta, una hermosa muchacha es abordada por un ligón.

—¡Cómo me gustas, guapa! ¿Me das tu número de teléfono?

—Está en el listín.

—¿Y tu nombre?

—También figura en el listín.

Gente guapa

Entre aristócratas

Después de un gran baile en casa de unos aristócratas. A las tres de la madrugada, uno de los invitados quiere retirarse y pide su sombrero a uno de los criados.

—Este sombrero no es mío.

—Señor —responde el criado—, le he dado el mejor sombrero que he encontrado en el guardarropa.

—El mío es nuevo flamante.

—Lo siento, caballero, pero los nuevos flamantes se han acabado a las doce y media.

En una fiesta

Durante una fiesta de sociedad, una señora es presentada a una eminencia de la ciencia médica, y como es muy ahorrativa, decide obtener un informe gratuito.

—Usted, que es tan inteligente, podría decirme lo que me sucede. Verá: Todas las mañanas, cuando me levanto, la cabeza me da vueltas durante media hora.

—Interesante... ¡muy interesante!

—¿Qué puedo hacer para evitarlo, doctor?

El ilustre científico ha clasificado en seguida a la señora y le responde:

—Es muy sencillo, señora... ¡Levántese media hora más tarde!

Un pintor suspicaz

Un conocido pintor ha sido invitado a comer en casa de unos señores que, aprovechando la visita del artista, le enseñan los cuadros pintados por su hijo, el cual dice sentir tener vocación por los pinceles.

El pintor examina los cuadros que le muestran los orgullosos padres y, en su interior, se da cuenta de que son rematadamente malos. Por eso, cuando sus anfitriones le preguntan, ansiosos:

—¿Qué le parecen a usted?

Él sólo atina a responder:

—Antes, díganme... ¿Desean conocer mi opinión como invitado o como pintor?

Ingleses y norteamericanos

Una señora de alta sociedad se sentaba durante una cena de gala al lado de un distinguido visitante británico que presumía con exceso de la educación de su país.

—Nosotros, los ingleses —afirmaba—, somos el pueblo mejor educado del mundo. Ustedes, los norteamericanos, son una nación extraordinaria, pero los británicos les aventajamos en educación. Ustedes mismos lo admiten, ¿no es cierto?

La señora sonrió y contestó:

—Sí, esa es nuestra educación.

Manos delicadas

Se oye en la cocina un impresionante estrépito y la señora acude, alarmada.

—¿Qué ha ocurrido, Filomena?

—La tetera, señora...

—¡Qué desgracia! Ha roto usted precisamente la tetera china... ¡Un recuerdo de familia! ¡Si, por lo menos, en lugar de la tetera hubiera roto usted la cafetera...!

La muchacha de servicio lanza un hondo suspiro y responde:

—Pues por eso no sufra, señora... La cafetera hace rato que la rompí también.

¿A quién lega la viuda?

Toda la familia está reunida en el despacho del notario para escuchar el testamento del fallecido multimillonario que se había casado, cuando ya era muy viejo, con una joven y hermosa bailarina.

Y mientras el letrado enumera los diversos legados previstos por el difunto, un joven heredero no quita los ojos de la radiante bailarina, aún más adorable con sus largos velos negros.

—¡Ya está...! —dice el notario cerrando su dossier—. ¡Hemos terminado!

En ese instante, el joven sale de su ensueño admirativo y dice:

—¡Discúlpeme, señor notario, pero no hace mención en el testamento de un punto importante. ¿A quién lega su viuda?

Promesa débil

Una rica y encantadora viuda, va a su dentista para hacerse arrancar un diente. Pero antes de sentarse en el sillón, saca su anillo o alianza y le dice:

—Oiga, doctor, ¿podría utilizarlo para hacer el diente de oro?

—¡Claro! —contesta el dentista—. Pero, ¿no se arrepentirá?

—No se preocupe —aclara la viuda—. Es el único medio para mí de salir de una situación delicada.

—¿Y eso? —inquiere curioso el doctor.

—Cuando murió mi esposo, hace dos años —responde la mujer—, me hizo jurar que jamás me separaría de la alianza que me regaló. Ahora, me voy a volver a casar la próxima semana y mi nuevo pretendiente exige que no lleve más que la suya. Entonces he tenido la idea del diente de oro: así podré cumplir la promesa de uno y otro. ¿No le parece?

Reincidencia

Un millonario se presenta en el puesto de policía y declara:

—¡Es inaudito! ¡Acaban de robarme el Rolls-Royce por segunda vez, cuando iba a cortarme el pelo! ¿Qué debo hacer?

El comisario reflexiona un instante y responde:

—¡Creo, señor, que debería llevar el pelo largo!

¡No, no...!

El nuevo rico entra en la joyería para comprar una joya con la que sorprender a su esposa.

—Mire usted —le dice el joyero—, este es el magnífico brillante que adornaba la frente del rajá de Aram.

—¡No, no...! —protesta el nuevo rico—. ¡Yo prefiero uno que no esté usado...!

Fortuna repartida

El viejo barón de Penteuil era uno de los hombres más ricos y avaros de Francia. Nadie en el mundo podía decir que había conseguido que el anciano le prestase ni siquiera un franco.

Ni el más pequeño gesto de caridad podía serle atribuido. Sin embargo, había un pedigüeño tenaz que nunca dejaba de visitarle por lo menos una vez a la semana y pedir una ayuda, sin que jamás hubiese obtenido nada.

Un día, el pordiosero perdió la paciencia y dijo al barón unas cuantas verdades.

—¡Es algo que me subleva, señor! —exclamó indignado—. Un hombre de su posición, que posee una fortuna inmensa, mientras otros carecemos de lo más necesario, se niega a dar unos cuantos francos. ¡Ya es hora de que su fortuna sea dividida entra toda la gente pobre del país...!

Pareció que el viejo barón iba a estallar en cólera. Sin embargo, se calmó inmediatamente y dijo:

—Bueno, amigo, ¿en cuánto calcula usted mi fortuna?

—¡En unos cien millones de francos, para ser moderado!

—¿Y cuántos habitantes tiene Francia con sus colonias?

—¡Oh...! Alrededor de cien millones de personas.

—Muy bien. Entonces escúcheme —replicó el barón—: ¡He resuelto dividir mi fortuna...! Aquí está su parte, un franco. ¡Y ahora, váyase de esta casa y no me moleste más en su vida...!

Doscientos por cien

Durante una fiesta en Torremolinos, varias señoras casadas hablan de sus maridos y amantes.

—El mío —dice una— ha perdido mucho en dos años. ¡Es impotente al cuarenta por cien!

—Pues el mío, todavía es peor —añade la otra—. ¡Es impotente en un setenta y cinco por ciento...!

—Entonces, ¿qué diríais del mío? —agrega una tercera—. ¡Es totalmente impotente, al cien por cien...! ¿Alguien puede decir más...?

—Yo —responde una señora muy joven—, pues mi amante es doscientos por cien impotente...

—¡Eso es imposible...!

—¡No, amigas mías...! ¡Se cortó la lengua la semana pasada...!

La viuda rica

—Amigo mío —dice un individuo a otro—, no sé si casarme con una joven humilde de la que estoy enamorado o bien con una viuda rica a la que no amo.

—Cásate con la joven humilde —responde el amigo—. Ya sabes que manda el corazón...

—Es verdad. Seguiré tu consejo.

—Haces bien, y a propósito, ¡dame la dirección de esa viuda rica!

Debía vestirla

Una señora viuda y elegante toma como criada a una joven aldeana.

—Le daré treinta mil pesetas al mes y la vestiré. ¿Le conviene?

La joven contesta:

—Conforme, señorita; desde ahora mismo me tiene a su servicio.

Pero a la mañana siguiente dan las ocho, las nueve y la sirvienta no aparece por ninguna parte.

—¡Antonia, Antonia! —llama la señora, entrando furiosa en el cuarto de la criada—. ¿A qué hora piensa usted levantarse?

—¡Otra! ¡Ya hace más de tres horas que estoy despierta; pero, según lo convenido, esperaba que viniese usted a vestirme...

Nuevos ricos

—Qué, ¿vais por fin este año a la Costa Azul? —pregunta uno a un amigo.

—No nos parece bien —responde este—. Seguramente iremos a la Selva Negra. Por el luto, ¿sabes?

Hijo de papá

Entre grandes propietarios. Uno de ellos dice:

—Cuando llegué aquí no tenía más que veinte pesetas para emprender el negocio.

—¡Vaya! ¿Te tocó acaso alguna quiniela de catorce resultados? —inquiere el otro, asombrado.

—No. Pedí a mi padre que me enviara un millón de pesetas.

El café

—Me parece, Teresa —dice la señora a la criada—, que el café que me ha traído usted hoy está más cargado que otros días.

—¡Ay, señorita! —contesta la chica—. Es que mé he equivocado y le he servido a usted el que yo tenía para mí.

El retrato

El nuevo rico está decidido a hacerse pintar un retrato. Le recomiendan un pintor de moda. El pintor le recibe y le pregunta:

—¿Desea que le haga sólo la cabeza?

—¡Oh, no! —responde el ricachón—. De cuerpo entero. Y de pie.

—Quizá desea que le pinte en traje de etiqueta.

—No, no, no hace falta. Puede usted hacerlo con su bata habitual.

De luto

Un viejo lord inglés está mirando la televisión. En un momento hace sonar la campanilla:

—Por favor, Jarvis. Tráigame un whisky y aceitunas negras. Negras, y no verdes. Acaban de anunciar la muerte de la marquesa de Sherwood.

Fallo técnico

Por un desgraciado fallo, un lord inglés acaba de lanzar la bola de golf al único ojo sano de su esposa. Sin perder la flema, se disculpa:
—Lo siento mucho, querida. Buenas noches.

Parque automovilístico

Una ricachona a su amiga:
—Mi marido dice que, por una cuestión de prestigio, debe tener seis coches.
—¿Seis? —repite la amiga—. Me pareció ver siete en vuestro garaje.
—Sí —admite la ricachona—. Siempre hay uno de reserva, porque cuando salgo a hacer la compra, no hay vez que no me cargue uno.

La recompensa

La ricachona pone un anuncio en el diario:
«Se recompensará con un millón de pesetas a quien restituya perrito cocker americano. Responde por Terry. No es preciso restituir al hombre que va agarrado a la traílla».

Ajuar nuevo

La ricachona se ha hecho confeccionar todo un ajuar nuevo en Milán, al último grito de la moda. Paga varios millones por la ropa, y en el momento de despedirse añade:

—¡Ah! ¡Y me lo envían a mi casa de Miami con un jet, nada de avión común, que con lo que tardan, cuando me lleguen los trapos igual ya se han pasado de moda!

El guardaespaldas

La mujer del nuevo rico a su marido:

—¡Gregorio! Mis amigas dicen que ahora que somos riquísimos, me podrían raptar para pedir un rescate. Dicen que tendría que tener un gorila que me custodiara.

—Está bien —responde el marido—. Trataré de conseguir uno.

—Pero hay otra cosa, querido. A mí esas bestias me dan mucho miedo. ¿No podría tener un perro en lugar de un gorila?

De visita

Unos nuevos ricos van de visita a casa de otros nuevos ricos. Estos les enseñan la casa, recientemente decorada, y la mujer que los visitaba al ver una reproducción de la *Venus de Milo*, dice:

—¡Ay, qué lástima que no tenga brazos!

—Sí, es una lástima. Se le rompieron cuando hicimos el traslado —contesta la otra mujer.

Marido astuto

La pareja de recién casados se halla invitada a una elegante fiesta social. El marido, que se aburre un poco, realiza frecuentes visitas al bar, hasta que su joven esposa le llama la atención, indicándole:

—Mira, Juan, no vayas tanto al bar que la gente empieza a fijarse ya en ti.

—¿De veras? —replica el marido—. Me extraña, porque cada vez que voy por una bebida, les digo que es para ti.

En sociedad

Invitada a una recepción en la que cantaba una señorita agraciada y muy rica, una pianista célebre fue abordada por un crítico:

—Maestra —le dijo—, ¿no le parece que esa joven canta demasiado deprisa?

—Tanto mejor —repuso la artista—. Así nos iremos antes...

Las piscinas

Unos nuevos ricos se dedicaban a gastar el dinero a manos llenas y a hacer ostentación de su inmensa fortuna. El marido no hacía más que hablar continuamente de la finca que había adquirido.

—¡Es maravillosa...! —decía—. He hecho en ella tres piscinas de natación... Y todos los fines de semana invito a mis amigos...

—¿Tres piscinas de natación? —le preguntó uno, extrañado.

—Así es —respondió la esposa—. Una tiene agua caliente, la otra agua fría y la otra no tiene agua.

—¡Hombre! ¿Y por qué hay una que no tiene agua...?

—¡Muy sencillo! Esa la tengo —respondió el nuevo rico— porque entre los amigos que invito hay muchos que no saben nadar...

Buena indirecta

En una fiesta de sociedad, cierta señora dice:
—Desde que estoy casada he enseñado a mi marido la difícil ciencia del buen gusto.
A lo que uno de los concurrentes replica:
—Pues es una fortuna para usted el no habérselo enseñado antes del matrimonio...

Criado de cámara

Un joven y magnífico negro, se presenta en casa de la duquesa de Perlont para solicitar el puesto de criado de cámara.
Después de un breve examen, le dice la duquesa:
—¡Bien, le contrato! Pero... ¿usted conoce bien su servicio? Sabe, por ejemplo, que cuando un señor llama, si es uno de mis amigos, usted debe hacerle entrar en el salón, pero si es un proveedor...
—¡Sí, sí; yo saberlo! —le interrumpe el negro—. ¡Y ya servir antes en casa de p...!

¡Trágame tierra!

El señor marqués, que es sordo como una tapia, llega a su casa. Uno de los criados sale a recibirlo y, mientras le ayuda a quitarse el gabán, va rezongando:

—¿De dónde vendrá este viejo idiota? ¡No será de trabajar...!

Entonces el marqués se vuelve rápido y le saca de dudas:

—Vengo —dice— de ver a un médico que acaba de curarme la sordera...

Aparato útil

Un multimillonario, al cumplir los setenta y cinco, adquirió un aparato casi invisible para corregir su sordera. Dos semanas más tarde fue a dar las gracias al artesano que se lo había fabricado y vendido.

—Supongo —dijo este— que su familia estará encantada.

—Nada de eso —contestó el millonario—. No se lo he dicho a nadie y me limito a escuchar sus conversaciones. ¡He modificado ya tres veces mi testamento...!

Buena caza

Un nuevo rico organizó una cacería para distraer a sus amigos.

—¿Han cazado mucho? —preguntó al otro día un curioso al mayordomo de la casa.

—Regular... —respondió, evasivamente, el criado.

—¿Y se ha servido a la mesa lo cazado o lo han enviado al mercado?

—No. Se ha enviado al hospital.

—¡Magnífico rasgo! ¿Y qué se ha enviado?

—Dos de los ojeadores y un ciclista que pasaba por la carretera.

Otro sitio

Dos nuevas ricas se encuentran en la calle y empiezan a hablar de sus cosas. Una de ellas pregunta:

—¿Adónde van ustedes este verano? ¿A la Costa Brava o a la Costa Azul?

—No, vamos en un crucero al Caribe —contesta la otra—. ¿Y ustedes?

—Mi marido quiere que este verano demos la vuelta al mundo, pero yo preferiría ir a otro sitio que esté de moda...

El nuevo criado

Dos nuevos ricos tienen una gran amistad y casi a diario se visitan mutuamente.

Un día, cuando uno de ellos llega a casa de su amigo, este ordena que le sirvan una copa de jerez. No tarda en llegar un criado vestido impecablemente, que cumple lo ordenado.

El recién llegado queda gratamente sorprendido de aquel servicio y pregunta a su amigo:

—Oye, ¿de dónde has sacado a tu nuevo criado? ¡Tiene un estilo magnífico!

—¡Es mi antiguo amo...! —responde el anfitrión.

América

La hija de un millonario le cuenta a una amiga suya:

—¿Sabes, querida? Mi marido ha perdido el empleo.

—¿Cómo es posible? ¿De verdad? —exclama la otra asustada.

—Sí, ya no es mi marido.

Mochila, caña
y fiambrera

A peso de oro

Un turista va de paseo por el campo y al encontrar una
granja pregunta al dueño:
—¿Pone muchos huevos esa gallina blanca?
—Hasta ahora ninguno —responde el campesino.
—¡Qué contento se pondrá cuando ponga el pri-
mero...!
—Figúrese: venderé huevo y ave a peso de oro...
—¿Por qué? —inquiere extrañado el turista.
Y el granjero le contesta riendo:
—Pues porque esta gallina... ¡es un gallo...!

Nueva profesión

Un grupo de turistas que escala una montaña famosa por
su eco, ve a un viejo sentado en una roca, teniendo en las
manos un catalejo enorme.
Cada pocos segundos, el hombre lanzaba una serie de
gritos y exclamaciones.

Los asombrados turistas le contemplan un rato. Al final, uno de ellos se acerca al viejo y le pregunta:

—¿Por qué está mirando continuamente por ese chisme y pegando gritos, como si le doliera algo?

El interpelado, sin dejar de mirar por su aparato, contesta:

—¡No hablen conmigo, que me distraen y voy a perder el empleo!

—¿Y eso?

—Es que yo soy el eco de esta montaña...

Meteorología

Un turista va por el campo y pregunta a un pastor:

—Oiga, ¿qué indican esas nubes encarnadas que aparecen por el poniente?

El pastor mira las nubes un instante, tuerce el gesto y con aire de sentencia responde:

—Pues unas veces anuncian gran sequía y otras grandes lluvias. ¡Eso depende del tiempo que hace luego...!

Precavido

Un matrimonio y su hijo han ido de excursión a la cima de una montaña altísima.

De pronto, el niño se acerca a su madre y le dice:

—¡Mamá...! Te avisa papá que no te quedes al borde de esta montaña... porque corres el peligro de caerte y matarte... ¡Pero que si te quieres quedar, que me des la cesta con la comida...!

La vaca y el toro

Un rico terrateniente decide dar, en su casa de campo, una fiesta de máscaras. Una joven pareja de recién casados son invitados y deciden vestirse, ella de vaca y él de toro.

Como iban con retraso, decidieron adelantar cruzando a pie los campos. Sin embargo, justamente cuando caminaban por en medio de un extenso prado, se dieron cuenta de que un gran toro furioso cargaba contra ellos.

—¡Santo Dios...! Y ahora, ¿qué vamos a hacer? —exclama la mujer.

A lo que el marido le contesta con calma:

—Yo me pondré a comer hierba. Y tú... entretenle... ¿Comprendes?

Buena artimaña

La superiora de un convento lleva a cuatro de sus novicias de paseo por el bosque. Están sentadas en la hierba y la madre aprovecha para juzgar sobre la pureza de sus almas.

—Vamos a ver, queridas, escúchenme —dice—. ¿Qué harían si un sátiro surgiese de repente detrás de uno de estos árboles?

—¡Nos salvaríamos! —gritan tres de ellas.

Como la cuarta no contesta, le pregunta la madre:

—¿Y tú... que harías?

—¿Yo? —responde tranquilamente la novicia—. ¡Me quedaría aquí y levantaría mi falda lo más alto posible!

—¿Quééé...? —grita la religiosa roja de cólera—. ¡Oh...! ¿Y después, pequeña desgraciada?

—Le dejaría al sátiro aproximarse, ¡y le saltaría encima...!

—¡OOOHHH...! —clama la superiora—. ¡Vamos...! ¿Y luego...?

—¡Le bajaría su pantalón! —contesta la novicia.

—¡Desgraciada...! —dice la madre antes de desvanecerse.

—¡Y entonces —concluye la monjita—, ya veremos cuál de los dos puede correr más rápido...!

El turista y la granjera

Un turista se pierde en el campo. De repente, ve a lo lejos una luz, y se dirige hacia ella. Encuentra una granja aislada, llama a la puerta y una joven acude a abrirle.

—Me he perdido —explica el turista—. ¿Podría pasar la noche aquí?

—¡Desde luego! —responde amablemente la joven—.

Pero no tengo más que una cama y, desde ahora se lo digo: ¡Yo soy muy seria!

—¡Yo la respetaré, se lo prometo! —responde el hombre—. ¡Estaré muy correcto, ya lo verá!

La noche pasa sin ningún incidente. Por la mañana, la joven se despierta, y no ve a su compañero a su lado. Se levanta, y le encuentra a punto de marchar. Viendo a la granjera, él le dice:

—¡Le aseguro que es la primera vez que me acuesto con una granjera!

A lo que ésta, secamente, responde:

—¡Y yo es la primera vez que me acuesto con un hombre tan tonto...!

De excursión

El matrimonio regresa de excursión por el campo con su coche en una tarde de domingo. De pronto, exclama la señora:

—¡Adelanta a ese coche! ¡Adelanta a ese coche en cuanto puedas!

—Pero, querida —exclama el marido—. ¿Por qué?

—Porque es el de un vecino y si él llega antes que nosotros, nos quitará el sitio para estacionar.

Uno de vagabundos

Al atardecer de un día de verano se presenta un vagabundo en una granja y, señalando al camino, pregunta si no quieren que lo limpie:

—No, gracias —replica la mujer del granjero—. Hasta el otoño no acostumbramos a limpiarlo.

El vagabundo se sienta en el suelo tranquilamente.

—¿Pero qué hace usted? —le pregunta extrañada la mujer.

—Pues ya ve, señora... ¡Esperar a que llegue el otoño!

Rescate

La escena es un terreno de arenas movedizas que son muy peligrosas.

Un hombre se hunde lentamente en ellas. Son varias las personas que desde un lugar más firme y seguro le arrojan cuerdas y le ofrecen pértigas para salir de allí.

La víctima, agradecida, dice en un murmullo:

—¡No se preocupen por mí! Al que tienen que salvar es al que me está sosteniendo sobre sus hombros.

Una de ladrones

Entre marido y mujer:

—¡Qué mala suerte! ¡Ya son tres veces las que nos roban en nuestra casita de campo!

—Pero ¿no habías comprado un perro guardián, ferocísimo?

—Sí... ¡y también nos lo han robado!

De gitanos

Dos gitanos iban por un campo llevando cada uno de ellos un saco, cuando de repente se les aparece un hombre apuntándoles con una escopeta. A la pregunta del campesino sobre qué llevan en el saco, uno de los gitanos abre su saco, el campesino observa la mercancía y le dice:

—Estas aceitunas son de mis olivos. Las has robado —y añade sin dejar de apuntarle— y ahora, como castigo a tu acción, vas a empezar a metértelas una a una en el culo.

El gitano empieza a reír a grandes carcajadas y el campesino, cada vez más enfadado, le pregunta por el motivo de esa risa. A lo que el gitano, sin poder dejar de reírse, le responde:

—Pues, que se prepare aquí mi compadre, que en el saco lleva melones.

Los perros

El hombre sale de casa. Va de caza. Lleva cien cartuchos y dos perros. Al cabo de una hora regresa.

—¿Has terminado la munición? —le pregunta su esposa.

—No —replica el hombre—. He terminado los perros...

Merendemos

—Ayer —cuenta un chico a otro en el recreo— estuvimos de campo y, después de divertirnos mucho, «merendemos...»

—¡Vaya! ¡Pues sí que haces caso de lo que dice nuestro maestro! —replica el amigo—. No se dice «merendemos»: es merendamos.

—¡Eso quisieras tú! —contesta el chico—. ¡Digo que es «merendemos», porque ni tú ni el profesor estabais...!

La inspiración

Un día de verano. El sol brilla. El campo está verde, y el pintor, que busca inspiración, ve pasar a una radiante campesina.

Entonces le pregunta:

—¿Puedo pintar sus pechos?

—Bue..., pero con una condición. Que estén secos para la noche, porque a mi novio le gusta chuparlos.

De *pic-nic*

El matrimonio aprovecha un cálido día de verano para ir a hacer un *pic-nic* a la orilla del río. Después de comer, mientras el marido echa una siestecita, la mujer se va a caminar. Cuando él despierta no la ve por ninguna parte. Recorre la orilla y más allá ve un pescador. Se le acerca y le pregunta:

—¿Por casualidad, no ha visto a una mujer por aquí?

Y el pescador responde:

—Sí, ¿una rubia, bastante gordita y con pantalones rojos?

—¡Gracias! Es mi esposa, sí. Tal vez no se haya alejado mucho.

—No, no lo creo. Hoy la corriente no es muy fuerte.

Entre niños italianos

—A mí me encanta la montaña. Cuando sea mayor seré «alpenista».

—Querrás decir alpinista.

—No, «alpenista». Los Alpes están más cerca de casa.

Tranquilidad

Un hombre le pregunta al recepcionista de un hotel de montaña:

—¿Este hotel es silencioso?

—Por supuesto, señor.

—Me alegro. Es que tengo que hacer prácticas con el trombón y necesito tranquilidad para concentrarme.

La serpiente

Un veraneante ha salido a dar un paseo por el monte, pero regresa con la ropa rota, lleno de barro, con un ojo morado y toda la piel llena de arañazos.

—Pero, ¿qué te ha pasado, querido? —le pregunta su esposa al verle entrar en tan lamentable estado.

—Pues que una serpiente me ha perseguido —responde el marido.

—¡Pero si las serpientes de esta comarca no son venenosas!

—¿Y qué? —replica el hombre indignado—. ¡Una serpiente que me obliga a lanzarme desde un barranco de diez metros de altura no tiene ninguna necesidad de ser venenosa...!

Otro de Jaimito

Viaja toda la familia en coche de excursión por el campo, y Jaimito va sentado atrás, junto a la ventanilla, maravillándose por todo lo que ve.

—¡Mamá, mamá!, mira qué vaca tan grande... ¡Mamá, mamá!, mira qué fuente tan rica... ¡Mamá, mamá!, mira qué casita tan bonita... ¡Mamá, mamá!, mira qué pajarito tan pequeño... ¡Papá, papá!, mira qué tetorras tiene esa pastora...

Y uno de colmos

—¿Cuál es el colmo de un montañero?

...

—Llamarse Mahoma y seguir esperando.

Uno de bicicletas

Una pareja de enamorados alquila un tándem para dar un paseo por el campo, él delante y ella detrás. Y en estas, se encuentran con una cuesta bastante fuerte y venga a darle al pedal para poder llegar.

Ya en la cima, él le comenta a ella.

—¡Uuufff! Vaya repechón, un poco más y no llegamos...

Y ella responde:

—Tienes razón, amor; por suerte, he ido apretando el freno para que no nos fuéramos cuesta abajo.

¡Finalmente!

Un cazador le dice a su compañero durante la cacería:

—¡Es la primera vez que te veo acertar a un pájaro! Pero ¿por qué tu perro no va a cogerlo?

—Seguramente —le responde—, se ha quedado de piedra él también.

Curiosidad

—¡Mamá! ¡Mamá! ¿Por qué las montañas terminan todas en punta?

—Hijo mío, es que pareces tonto... ¡Pues porque si no no tendrían cima!

En la montaña

Un señor va de vacaciones a la montaña, pero con tan mala suerte que desde que llega no para de llover. En esto, le pregunta al dueño del albergue en el que se aloja:

—¡Pero bueno; aquí llueve siempre!

—¡No, señor —responde el otro—, en invierno nieva incluso!

Puntería

El conde de T. ha invitado a sus amigos a una cacería. Después de la jornada, al regresar a la finca, pregunta a su mayordomo:

—Terencio, ¿han regresado todos mis invitados?

—Sí, señor conde.

—¿Y alguno está herido?

—No, señor conde.

—¡Increíble! ¡Entonces le he dado de verdad a la liebre!

El toro negro

Dos solteronas están dando un paseo por el campo. Al mediodía se disponen a hacer un _pic-nic_. Más allá se ve un enorme toro negro, que muge y muge...

—¡Qué pulmones tan poderosos! —comenta una.

—¡Y tanto! —responde la otra—. Le llegan hasta el suelo.

Estar segura

Cuatro tortugas salen a dar un paseo por el campo. Tras andar y andar, entran en una venta a beberse una cerveza. Se acomodan en la barra y comienzan a beber sorbito a sorbito. En eso cae una lluvia torrencial, y tras discutir un rato deciden que la más pequeña vuelva a casa a buscar el paraguas, ya que es la más rápida. Pero pasa un año, pasan dos, y la tortuguita no ha vuelto. Un día la descubren escondida tras un tonel:

—¡Pero, cómo, Margarita! ¿No tenías que ir a buscar el paraguas?

—Pero yo —responde balbuceando la tortuguita—, quería asegurarme antes de que no os bebierais mi cerveza.

Pescadores

Con la caña al hombro, un señor se acerca a un lago cercano a la casa que ha alquilado para pasar sus vacaciones. Por el sendero que lleva al lago encuentra a un campesino.

—¿Se puede pescar en el lago, buen hombre?

—¡Claro que se puede!

—¿No está prohibido, es decir, no me meterán una multa si cojo un pez?

—No, señor, más bien será un milagro...

El conejo gracioso

El cazador está oculto tras unas matas, esperando ver un conejo. De repente, de detrás de otra mata salta uno. Le dispara, el conejo se vuelve, lo mira irónico y sigue corriendo.

—¡Maldición! ¡Cuando me hacen esto los mataría!

En el bosque

En el bosque, un elefante se encuentra con una mujer que, muy fresca, en seguida le hace proposiciones muy claras. El elefante se siente cohibido, pero ella lo anima.

—¡Vamos, vamos! ¡Déjate abrazar! Verás qué gusto te da.

El elefante cede y se deja abrazar. En eso se escucha el ruido de unas matas de donde se asoma otro elefante; la mujer se vuelve y exclama asustada:

—¡Dios mío! ¡Es mi marido!

Baño con mala suerte

El joven negro acaba de bañarse desnudo en el río, y se estira sobre la hierba a descansar. Sigilosa, se desliza una serpiente, abre las fauces y empieza a comerle el pene. El muchacho pega un grito de espanto, que atrae a un hombre. Este, al ver lo que sucede, le dice:

—¡Tranquilo, muchacho! Tengo un cuchillo, ahora mismo lo parto por la mitad.

—¡Por la mitad no! —aúlla el joven—. Dentro de la serpiente hay mucho más de lo que usted se imagina.

El soldado miedoso

Un grupo de soldados está acampando a la vera del río. El sargento manda a uno ellos, un poco simplón, a buscar agua a la orilla. Al rato el soldado regresa y explica:

—En el río hay un enorme cocodrilo; me dio mucho miedo, así que no cogí agua.

—¡Estúpido! —se mosquea el sargento—. Seguro que el cocodrilo te tiene tanto miedo como tú a él.

—Puede ser, sargento —responde tembloroso el soldado—, pero si el cocodrilo tiene tanto miedo como yo, también se habrá cagado, y el agua ya no será buena para beber.

Paseo en coche

Un chico y una chica están dando un paseo en coche por el campo. En un momento topan con un toro que está montando a una vaca. El chico le pasa un brazo por los hombros a la chica, le da un besito en la oreja y le dice:

—¡Tesoro! ¡Cómo me gustaría hacer lo mismo!

—Por mí tranquilo, Fernando. Ve, si quieres. Yo te espero aquí.

¡Hasta los toros!

En pleno campo la joven granjera, casada hace poco tiempo, ordeña una vaca. De pronto, un toro furioso corre velozmente hacia ella, pero la recién casada sin inquietarse lo más mínimo, sigue ordeñando la vaca.

Un hombre que pasa por allí presencia horrorizado esta escena, cuando de repente ve que faltando apenas un

par de metros para llegar a la joven el toro detiene bruscamente su loca carrera y se aleja sin hacerle daño.

Entonces, el estupefacto hombre se acerca a la que ordeña, que sigue tranquilamente realizando su trabajo, y le
pregunta:

—Oiga, ¿no ha sentido temor alguno?

A lo que contesta la mujer:

—¿Y por qué habría de tenerlo? ¿No ve que esta vaca
es la suegra de ese toro?

El viaje

Un matrimonio mal avenido llega a una agencia de viajes.

—¿Qué desean? —pregunta amablemente el empleado.

—Un viaje a los solitarios montes del Tíbet para dos
personas.

Y tras mirar con rencor a su bigotuda esposa, agrega:

—¡Pero con viaje de regreso para una sola! ¡Ya me entiende!

Embustero

Un individuo que pasea por la orilla del río resbala y cae
al agua. Arrastrado por la corriente, el hombre no cesa de
gritar:

—¡Auxilio...! ¡Socorro...! ¡Salvadme que me ahogo! ¡Soy
padre de diez hijos...!

Un pescador que está en su vieja barca toma los remos,
se le acerca y logra subirlo a bordo.

—Le he salvado, pero no se lo merece —le reprocha el
pescador.

—¿Por qué? —pregunta extrañado el náufrago.

—Porque sé que sólo tiene cuatro hijos. ¡Es usted un embustero!

Fotografía

Un señor muy elegante y fino se pasea por el puente de un río. Una chica se le acerca corriendo:
—¡Por favor! ¡Ayúdeme! ¡Ayúdeme! ¡Mi amiga se ha caído al río!
Y el señor impasible:
—Lo siento, no he traído mi cámara fotográfica.

El valiente

Se celebra una cacería. A lo lejos se oye el rugido de un león.
Todos los cazadores tiemblan de espanto. Todos... excepto Martínez, que se lanza en busca de la terrible fiera.
—Pero ¿no tiene usted miedo? —le preguntan.
—No —contesta sonriendo.
—¿No comprende usted que el león puede destrozarle?
—¿A quién, a mí? ¡Ca!
—¿Cómo que no?
—¡Ah! Pues porque no. Aún no hace ocho días que un adivino me predijo que moriría en el cadalso...

Las vacaciones

El director vuelve a su oficina bronceado, reposado y alegre. La guapa secretaria le pregunta dónde ha pasado las vacaciones.

—Un amigo me invitó a su campamento de caza en el bosque a bastantes kilómetros de la ciudad. Tranquilo y silencioso. Nada de vida nocturna, nada de mujeres, nada de beber y fumar...

—¿Y se ha divertido? —inquiere la secretaria.

—¿Y quién dice que he ido...?

El oso

En una de sus frecuentes excursiones en los días de asueto un individuo ve en plena montaña a un aldeano luchando cuerpo a cuerpo con un oso feroz. Y cerca de ambos está la mujer del aldeano con una escopeta cargada en las manos. Dramáticamente, el excursionista le grita:

—¡Señora! ¿Qué hace que no mata a esa bestia de un balazo?

A lo que la mujer le responde sonriente:

—No lo hago porque espero que el oso me evite la molestia.

Pescador de caña

Mientras el pescador aguanta pacientemente con la caña en las manos a la orilla del río, un amigo se acerca y le pregunta:

—Ya va a anochecer. ¿Desde qué hora estás aquí?

—Desde que amaneció —responde el pescador.

—¿Y has pescado algo?

—Nada.

—¿Y no te has aburrido?

—No; he estado insultando a los peces...

Nadar y guardar

Juan y su amigo Pedro, van a pasar un día de campo. Se instalan cerca de un río, y antes de comer Juan propone practicar un poco de natación.

—¿Tú sabes nadar? —pregunta a su acompañante.

—Estoy aprendiendo... —responde el amigo.

Se despojan de sus ropas y se arrojan al agua. Pero de pronto observa Juan que su compañero se está ahogando sin que sepa hacer ningún movimiento para salir a flote.

Le ayuda a salir, lo conduce a la orilla y le pregunta enfadado:

—Pero ¿no decías que estabas aprendiendo a nadar?

—Sí; pero es que ya sabes que hay que aprender a nadar y a guardar la ropa... ¡Y yo estoy aún en lo de la ropa!

Con una vez

Un alpinista va a un pueblecito de montaña, con la intención de escalar la montaña más alta del lugar, pero antes de intentar la ascensión busca a un viejo montañero para que le informe de las dificultades que puede encontrarse. Ya cuando se despedían, el joven le dice:

—¡Ah! ¡Óigame! ¿Se caen muy a menudo los que intentan la escalada?

—¡Oh, no! —responde el anciano—. Con una vez tienen bastante.

Excursión romántica

En una montaña, un matrimonio comenta:

Ella:

—¿Te acuerdas? ¡Hace treinta y cinco años conquistaste mi amor bajando a este abismo para cogerme una flor, que pudo costarte cara! —dice ella.

—¡Ah! ¿Pero tú crees que me ha salido barata? —contesta él.

Imprudencia

Una señora gorda con su marido en una montaña.

—¡Vamos! No hagas tonterías, que te puedes caer y hay casas habitadas debajo.

La casita en el campo

Dos amigos se encuentran y uno dice:

—Me he enterado que tenéis otra habitación para alquilar a los veraneantes.

—Sí, hemos matado al cerdo y así disponemos de otra habitación.

Puntería

Un cazador que siempre hablaba de sus proezas, se va al campo con unos amigos para que lo viesen en acción. De pronto levanta el vuelo una perdiz, coge la escopeta, dispara... Y la perdiz sigue su vuelo. El cazador tira la escopeta al suelo y levantando el puño grita:

—¡Maldito pajarraco! ¿Será posible que sigas volando con el corazón hecho un colador?

Bajo la sombrilla

El dedo

Una muchacha muy linda, está aprendiendo a nadar, sostenida por un joven bañista bastante atrevido.

Al cabo de un cuarto de hora, la chica, muy ruborizada, se atreve a preguntar al que la sostiene:

—Dígame, ¿cree que si me quita el dedo del sexo me ahogaré?

La red

El maestro pregunta a un chico que es hijo de pescadores:

—Dime, ¿qué es una red?

El pequeño piensa un momento y luego responde:

—Una red es... muchos agujeritos atados con hilos.

No es marino

—Mi marido —dice una señora— le debe todo lo que es al mar.

—¿Su esposo es marino? —le pregunta otra.

—No; ha tomado mucho aceite de hígado de bacalao...

La madre del niño salvado

—¿Es usted quien ha salvado a mi hijo cuando se estaba ahogando?

—Sí, señora.

—¿Es usted el que al verlo caer al agua se lanzó tras él y tuvo que bucear un rato hasta lograr agarrarlo, logrando sacarle a la superficie?

—Yo mismo, señora.

—¿Y usted el que llevó a mi hijo hasta la orilla y lo ha vuelto a la vida haciéndole la respiración artificial?

—Pero, señora, ¡claro que sí!

—Siendo así, deseo que me diga qué ha hecho usted de la boina que llevaba el niño.

La apuesta entre judíos

La semana pasada, dos judíos se fueron a bañar y uno dijo:

—Te apuesto una peseta a que resisto debajo del agua más tiempo que tú.

—Apostada —contestó el otro.

Ambos se sumergieron. La policía todavía no ha encontrado los cadáveres.

Boca a boca

En la playa una joven y bella turista es sacada del mar cuando estaba a punto de ahogarse. Un señor de media edad se arrodilla junto a ella y juntando su boca con la de la muchacha empieza a hacerle el boca a boca. Al verle su mujer, le pregunta muy enfadada:

—¿Qué estás haciendo, desvergonzado?

—Le hago a esta chica la respiración artificial —contesta el marido, soltando el cuerpo de la muchacha que sonríe agradecida.

Y para reforzar su justificación, añade:

—No asistir a una persona en peligro vete a saber qué consecuencias puede traerme...

Baño de mar

A una persona que por primera vez se baña en el mar le preguntan:

—¿Cuál ha sido tu primera impresión? ¿Qué has sentido?

—¡Que me mojaba...! —responde el interpelado.

Éxito con las turistas

Como cada verano, dos amigos coinciden en la playa para pasar las vacaciones.

—¿Qué tal? —pregunta uno.

—¡Estupendamente! —contesta el otro—. No lo divulgues pero tengo un libro que se titula: *Cómo tener éxito con las turistas.*

—¡Qué bien! ¡A ver si este año hay más suerte!

Deducción

Dice Ricardo a su madre:

—Escucha, mamá, ¿cómo conociste a papá?

—Un día que bañándome en San Sebastián me estaba ahogando, y él me salvó la vida.

—¡Ah! Ahora lo comprendo...

—¿El qué?

—Ahora comprendo por qué papá no quiere que yo aprenda a nadar.

Aclaración

—Bueno, amigo —dice el jefe, al despedir a su empleado de confianza que parte a una playa de moda para disfrutar de un descanso—; le deseo que se divierta mucho durante este mes de vacaciones.

—¿Cómo un mes? —pregunta el empleado—. Son tres semanas solamente.

—¿Tres semanas? Yo le he concedido a usted un mes completo.

—¡Ah, sí! Yo contaba tres semanas nada más, porque la última tengo que pasarla en casa de los padres de mi mujer.

Crecimiento

—Oye, mamá: ¿es verdad que los peces crecen muy rápidamente?

—Muchísimo, hija: la carpa que papá pescó el domingo pasado, ha crecido un palmo... cada vez que papá ha hablado de ella.

Naufragio

—Pero, hombre de Dios, ¿cómo tiene usted el humor para atracarse de comida, cuando estamos a punto de ahogarnos?

—Es la costumbre, yo siempre que voy a beber un trago como alguna cosilla... y *me paice, maño*, que el trago que nos espera, bien merece unas magras.

Pasota

Un pasota va paseando por la orilla del mar, y de repente una ola le salpica, a lo que él dice:
—¡Ay va! ¿Cómo te atreves?, ¡a la próxima te bebo!

Una de moscas

Tres moscas se reúnen para comentar dónde irán a pasar sus vacaciones; una de ellas decide irse a las islas Canarias, la otra a la Costa Azul y la tercera a la Costa Brava. Quedan en que después de sus vacaciones se volverán a encontrar para explicar cómo ha ido todo. Después de quince días, las dos primeras se encuentran, todas sanotas, bronceadas y contentas. Esperan a la tercera y no aparece. Se reúnen cada día durante toda una semana para ver si aparece la mosca que ha ido a la Costa Brava, y al séptimo día aparece blancucha, delgada y con ojeras. A esto le preguntan:
—¡Pero, hija, cómo vienes, te vas a veranear a la Costa Brava y apareces en estas condiciones!
—¡Callad, callad!
—Pero ¿qué te ha pasado, si en vez de ir de vacaciones parece que hayas ido a la cárcel?
—¡Callad, callad! —responde la mosca de nuevo—. Que llegué al mar, me caí en el monedero de una catalana, y hasta hace dos días no me ha abierto.

Ingenuidad

Un niño dialoga con su madre:
—Mami, ¡qué bonitos rizos tienes!
—Esto no son rizos —le corrige su madre—, sino ondas.
—Entonces, tu cabeza y la de papá formarían el mar...
—¿Por qué, cariño mío?
—Tu cabeza, las ondas; la de papá... la playa.

Realismo

—¿Usted nada?
—Pues depende.
—¿Cómo que depende?
—Pues, ¡depende de si hay agua!

Inconsciente

—¿Y usted es de los que sostienen que los peces son felices de ser pescados con anzuelo?
—¡Pues claro! ¿Por qué cree sino que mueven la cola al salir del agua?

Rezando

Dos náufragos llevan ya más de dos días en el agua agarrados a una tabla de madera. El agua que habían podido conseguir, comienza a escasear. Desesperado, uno de los dos empieza a rezar arrodillado:
—Dios mío, ¡te prometo que si nos salvamos no fumaremos más, no beberemos...!

—¡Basta ya! —grita el otro—. ¡Me parece que he visto un barco!

Cultura musical

El matrimonio de nuevos ricos pasa una temporada en el suntuoso hotel de una célebre playa.

Cierta noche, durante la tertulia diaria de los veraneantes, uno de estos menciona a Mozart.

—¡Qué coincidencia...! —exclama la señora del nuevo rico—. Precisamente esta mañana le he visto en el autobús número 8, con su señora. Debían ir a la playa...

Un silencio tremendo reina en el salón... Y cuando el matrimonio se retira a sus habitaciones, dice el marido a su esposa:

—Te tengo advertido que cuando no sepas un asunto sobre el que se habla estés calladita.

—¿Por qué me dices eso ahora? —pregunta la mujer.

—Pues porque has metido la pata diciendo que el autobús número 8 va a la playa. ¡Si es el que va a la Carretera Nueva!

Otro de boca a boca

En la playa, la pequeña cuenta a su madre:

—¡Mamá, papá es un héroe!

—¿Y eso? —pregunta curiosa la madre.

—¡Ha salvado a una bella señorita que se ahogaba, haciéndole el boca a boca...!

—¿Durante un largo rato? —inquiere celosa la mujer.

—¡Una media hora larga...! ¡Cada vez que él tomaba aire, ella intentaba escaparse...!

Desembarca el primero

Un marinero, viendo acercarse el final de una larga estancia en la mar, escribe a su mujer que después de tanta abstinencia sexual ya no puede más y que por favor, se las arregle para ir a buscarlo al muelle el día del desembarco, con un colchón sobre la espalda.

Ella le contesta con este cable:

—¡Lo haré, tesoro mío! ¡Pero he sufrido tanto también yo, que debes ser el primero es desembarcar del barco, porque no sé si podré esperar más...!

Cosas de ellas

Dos amigas se encuentran en la playa tomando el sol, y empiezan a conversar:

—Loly es guapísima e inteligente —dice una de ellas.

—Pues ella opina de ti todo lo contrario —replica la otra.

—¡Bah...! No nos creas a ningunas de las dos, porque decimos siempre lo contrario de la realidad.

Call-girl

Una nadadora americana deja impresionada a la gente por su extraordinaria rapidez en moverse en el agua. Un periodista le dice:

—Se lo ruego, señorita, desvéleme su secreto para que puedan saberlo los nadadores del mundo entero.

—¡Oh! —confiesa la supercampeona de natación—. Es bien simple: fui *call-girl* durante varios años, en Nueva York.

La cebolla

—Antonio —dice un amigo al otro—, tú que estudias Medicina, ¿qué remedio usarías para salvar a un ahogado?

—Pues muy sencillo —contesta el interpelado—: se le restriega una cebolla por las narices, que al momento le hará llorar. Y es sabido que el que llora se desahoga.

Mitad y mitad

Una gruesa y fea bañista se aventura a pie lejos de la playa, siguiendo la costa. Viene la marea y la deja presa en un recodo de roca. Un pescador que está a corta distancia permanece impasible en su bote. Por fin baja la marea y la mujer vuelve a la playa, y allí se encuentra al pescador. Muy enfadada le dice:

—Si fuera la mitad de hombre que debiera ser, me hubiese ido a rescatar.

—Con mucho gusto lo hubiera hecho —replica el pescador— si usted fuera la mitad de la mujer que es.

Tentación

Dos señoras mayores ven cruzar por la playa a dos atractivas jovencitas en tanga.

—Reconozco que estas chicas prácticamente desnudas son una tentación para nuestros maridos.

—Sí, desde luego. Pero estoy tranquila. Mi marido está loco por mí.

—¿Y no tiene ningún momento de lucidez?

Pescado azul

—Mira qué tranquilo está hoy el mar, parece una balsa de aceite.
—¡Qué contentas deben estar las sardinas!

Presencia de ánimo

Un socorrista salva a un pobre hombre a punto de ahogarse.
—¿Ha bebido mucha agua?
El pobre hombre, no sabiendo cómo mostrar su agradecimiento, responde:
—Sí, a su salud.

Modas

—Han encontrado en la playa a una mujer cortada en dos.
—Es raro. Este año no se llevan mucho las dos piezas.

Moda playera

—Yo me suelo hacer en casa los trajes de baño, y la verdad es que causo sensación entre los chicos.
—¿Y cómo los haces?
—¡Huy, es muy sencillo! Cojo dos pañuelitos y tiro uno.

Chiringuito de playa

—Camarero, ¿cuánto tiempo hace que está abierto este chiringuito?

—Hace dos años.

—¡Hombre, de haberlo sabido...!

—Nos hubiera honrado más con su presencia.

—No. No es eso. Hubiera venido a la inauguración y al menos habría comido el pescado fresco.

En la playa

—Tu marido no deja de tontear con esa rubia, ¿has visto?

—Calla, quiero ver hasta cuándo resiste con la barriga hacia dentro.

Deuda pagada

Se produce inesperadamente una horrible marejada y una ola arrastra a un recién casado que está con su mujer en la playa, llevándolo mar adentro.

Otro hombre se tira a salvarlo, logra traerlo a la orilla y le devuelve la vida. Cuando el ex ahogado puede hablar, dice:

—Señor, ¿qué puedo hacer por usted? Me ha salvado y...

El salvador le interrumpe diciendo:

—Usted ya ha hecho por mí lo que podía. Soy el primer marido de su mujer.

Arena a los ojos

En una playa atestada de gente una mamá le dice a su hija:

—No, mi vida; no debes tirarle arena a la gente. Podría caerle en los ojos. Si quieres hacérselo a alguien échasela a tu papá.

¡Muy expresivo!

Una joven recién casada abre una carta que acaba de recibir. Dentro del sobre no viene más que una pequeña hoja de papel. Lo mira un instante y dice a la amiga que está pasando con ella el verano en aquella playa:

—Mi marido me hace saber que está muy bien de salud, que sus negocios prosperan y que me ama profundamente.

—¿Todo eso en un pedazo de papel tan pequeño? —pregunta la amiga sorprendida.

—Sí. Es un cheque de cincuenta mil pesetas.

Precaución

Durante el verano en la playa, la madre recomienda a su hijo:

—Nene, no te metas tanto en el mar, que puedes ahogarte.

—Estoy a la altura de papá —replica el pequeño.

A lo que la mujer contesta:

—Sí, pero tu padre tiene seguro de vida...

Naufragio

Mientras nadan hacia la playa desesperadamente, él le dice a ella:

—¡Es la última vez que te permito embarcar con tacones en mi canoa hinchable.

En la playa

Dos leones, recién escapados de un circo, llegan a una playa. Uno de los leones: «Parece imposible, estamos en plena campaña estival y en esta playa no hay un alma».

Envidiosillo

El matrimonio Pérez, que veranea por primera vez en Alicante, a la mañana siguiente de su llegada a la hermosa ciudad levantina va a dar un paseo por la playa.

El mar semeja un terso y bruñido espejo; sus aguas están en completa calma; apenas si sobresale alguna ligera espuma de la serena y tranquila superficie.

—¡Qué mar más tranquilo! —exclama la señora de Pérez—. ¡Nunca he visto un mar tan en calma, tan apacible!

A lo que su esposo contesta:

—Probablemente será un mar soltero...

Esquí acuático

Dos locos están en la orilla de la playa viendo cómo hacen esquí acuático. De pronto uno le dice al otro:

—No entiendo por qué el de la lancha corre tanto.

Y el otro loco le contesta:

—Y en su lugar, ¿tú qué harías? ¿No ves que corre detrás de él un loco con una horrible cuerda?

El tatuaje

Dos marineros conversan:

—Y, ¿cómo va tu régimen?

—Estupendamente. Con decirte que la ballena que tengo tatuada en el pecho se ha convertido en una sardina.

Naufragio

Una nave naufraga. Rápidamente, una ballena que está de paso engulle a un escocés, un chino, una silla y una cesta de manzanas, que son lo que ha quedado del naufragio. Unos días después, el equipaje de un barco pesquero captura la ballena, la lleva a tierra y empiezan a descuartizarla: en su vientre se encuentran al escocés, sentado en una silla, vendiéndole las manzanas al chino.

De pesca

Unos pescadores tiran de una red desde la playa y notan un gran peso. Creyendo que puede ser el cadáver de un ahogado, envían recado urgente al alcalde del pueblo. Pero cuando sale la red, observan que es el cuerpo de un asno, y un pescador exclama:

—¡Que vaya alguien a casa del alcalde y le diga que es un burro!

Para ir de vacaciones

—¿Y usted no va a la playa este año? —preguntan a uno.

—Para ir a la playa tengo que ir primero al monte... —responde el preguntado.

—¿Al monte...?

—Sí, al Monte de Piedad, ¿comprende?

Comparación

—¿En qué se parecen un cocinero y un nadador?

...

—En que los dos pasan los huevos por agua.

Salto de trampolín

Un hombre se lanza del trampolín ejecutando un salto perfecto.

—¿Dónde has aprendido a zambullirte tan bien? —pregunta su novia.

—¿Cómo? ¿No lo sabías? Antes de conocerte fui campeón olímpico de natación.

Al cabo de un rato, la chica entra en la piscina y nada un par de horas sin descansar. Cuando vuelve al lado del hombre, este le pregunta:

—¿Y tú? ¿Cómo has aprendido a nadar tanto rato sin descansar?

—¿No lo sabías? Antes de conocerte pateaba las calles de Madrid.

Colmo y otras exageraciones

El colmo de un helado: morirse de frío.

El colmo de una sardina: que le den la lata.

El colmo de una nudista rica: no tener qué ponerse.

¡A él con mares!

—Mira, chiquillo, el mar será todo lo grande que quieras, pero la verdad es que no llega a Zaragoza.

Viaje gratis

El jefe le pregunta a su secretaria:

—¿Dónde piensa usted pasar las vacaciones?

Y esta responde:

—Yo pienso pasar las vacaciones en la Costa Azul.

—¿Y cuánto le costará eso?

—¡Nada!

—¡Imposible!

—¡Pensarlo no cuesta nada!

Uno en la playa

Uno va y le dice a otro:
—¿Usted no nada nada?
Y el otro le responde:
—Yo no traje traje.

Vacaciones

Lola acaba de hacer sus cuentas:
—Leo, acabamos de pagar todas las deudas de las vacaciones del año pasado. Ya podemos irnos de vacaciones otra vez, ¿qué te parece?

Niños terribles

—¿A qué hora se levanta la marea? —pregunta un niño que está veraneando en un pueblecito de la costa, a un marinero que está arreglando sus redes delante del mar.
—Te lo he dicho ya quince veces; a las cinco y cincuenta y cinco, ¿cómo puedes olvidarlo tan pronto?
—No me olvido —responde el niño—, es que me gusta ver cómo se mueven sus bigotes cuando dice cinco y cincuenta y cinco.

Buen recurso

Durante el verano, un marido se queda trabajando en su negocio mientras la esposa veranea en una playa de moda.
—¡Ah, las mujeres...! ¡Qué ingratas! —exclama.

—¿Qué te ocurre? —le pregunta un amigo que le escucha.

—Hace quince días que se fue mi mujer a la costa y no me ha escrito una carta. Un telegrama de llegada y nada más.

—Haz tú lo mismo. Mándale un telegrama anunciándole un giro para que se compre cosas y no le mandes dinero. ¡Ya verás qué pronto te escribe...!

En la playa

Un banquero se desplaza en viaje de vacaciones a una playa de la Costa Brava. Como de costumbre, le acompaña su secretario, el cual le cuida como a un niño.

Cierto día, el banquero se queda dormido sobre la arena de la playa, y la marea comienza a subir.

—Señor, señor —le grita el empleado—. La marea está subiendo.

Y el banquero, medio adormilado, responde:

—Pues aprovecha y vende esas acciones.

El bikini

Cuando Mary regresa de sus vacaciones estivales va a visitar a su amiga Tere y le cuenta:

—No te puedes imaginar el desagradable incidente que me sucedió en la playa.

—¿Qué te pasó? —inquiere curiosa Tere.

—Fíjate que el día de mi llegada me había comprado un fabuloso dos piezas y me lo puse inmediatamente para bañarme. Después de zambullirme salí del agua y descubrí que había perdido la parte superior del bikini.

—¡Qué terrible...! —exclama la amiga—. ¿Y qué hiciste?

—Lo que toda muchacha respetable hubiera hecho en mi lugar. Me tapé la cara con las manos y volví al hotel lo más aprisa que pude.

En las playas del Pacífico

Un paciente muy amigo del médico, le explica que por la noche no puede dormir. Después de examinarlo, el doctor le aconseja:

—Mira, amigo, esta noche cuando te acuestes, inspira profundamente y después espira lentamente. Repite la operación hasta que te quedes dormido. Entretanto, trata de formarte en la mente la visión de una lejana isla del Pacífico, bañada por suaves olas. Todo esto te ayudará a conciliar el sueño.

Al día siguiente, el paciente vuelve a la consulta de su amigo, lamentándose todavía de no poder dormir.

—Pero ¿no has seguido mis instrucciones? —pregunta extrañado el médico.

—Sí, lo hice —contesta el hombre—; pero aún fue peor.

—¿Por qué?

—Pues porque con todas aquellas bellísimas indígenas casi desnudas bailando en la playa, cualquiera duerme...

La marca

Dos pescadores amigos alquilan un bote para salir a pescar y tienen la suerte de capturar una buena cautidad de peces.

Ya de regreso a casa se sientan en un bar, a refrescarse y comentan lo ocurrido. Uno de ellos dice:

—¡Lástima que no hayamos marcado el sitio; allí hay pescado en abundancia...!

—Yo no me olvidé de eso —replica el otro—. ¡Le hice una marca al bote...!

El secreto

Varios náufragos amigos se encontraban reunidos en una pequeña barca, después de hundirse el buque en que realizaban un viaje turístico.

Acabados los víveres echaron a suertes a quién sacrificar para que sirviera de alimento a los demás.

El sorteo se repitió durante dos semanas hasta que no quedaron más que el cocinero y el contramaestre del barco naufragado.

—Tenemos que sortear entre tú y yo, amigo —dijo este último.

—No vale la pena que uno de los dos se quede solo —contestó el cocinero—. La cala está llena de atún.

—¿Y cómo no lo dijiste el primer momento?

—¡Psssh...! ¡Porque a mí me hace poca gracia el pescado...!

El maharajá

Dos amigas hablan en la playa mientras toman un baño de sol:

—Oye —dice una—. ¿Qué fue de aquel maharajá que te hizo el amor el año pasado?

—¡No me hables...! ¡Lo encontré después en un cine...!

—¿Y qué hacía allí?

—¡Vendía bombones y caramelos...!

Inquietud

Una señora cincuentona se dirige a la playa en compañía de una amiga y la señora dice:

—Tengo ganas de saber cómo me va a sentar mi segundo baño.

—¿Es que empezaste ayer?

—¡Noooo! Empecé hace treinta años.

Una gran faena

Un señor sale del agua del mar, tapándose una oreja.

—¿Qué le ha pasado a usted?

—Pues que me he puesto a bucear y un pez me ha cortado una oreja.

—¡No diga usted más! ¡Un pez espada que ha tenido una buena tarde!

¡Bares, qué lugares!

Uno de borrachos

Se encuentran dos escoceses a la salida de una taberna, y el que acaba de salir de ella le dice al otro:

—Hombre, cuánto tiempo sin verte por aquí.

—Es que he dejado la bebida.

—¿Y eso? —le pregunta el beodo.

—Es que un día que estaba sobrio me di cuenta de que me cobraban todo lo que bebía.

Y otro de borrachos

Dos borrachos, bebiendo como locos, acodados en la barra de un bar:

—¿Y tú por qué bebes tanto?

—Por una causa justa.

—¿Una causa justa?

—Por una venganza.

—¿Qué venganza?

—Pues el vino acabó con mi mejor amigo y yo me he propuesto acabar con el vino.

Uno de vacaciones

Dos amigos se encuentran en pleno agosto, sudorosos, en un chiringuito callejero, tomando una cerveza. Y uno le dice al otro:

—Pues nosotros no hemos salido de vacaciones por culpa de los billetes; no he encontrado suficientes de primera clase para toda la familia.

—Pues lo mismo que nosotros —responde el otro.

—¿No habéis encontrado billetes de primera?

—No. No hemos encontrado suficientes billetes de mil para toda la familia.

Y uno de borrachos

Un cliente de toda la vida, borracho como él solo, llega al bar y le pide al camarero:

—Julián, diez vasos de whisky...

Al cabo de un cuarto de hora el borracho se lo ha bebido todo y vuelve a llamar al camarero.

—Julián... ahora, siete vasos de whisky.

El camarero le sirve y el hombre, en poco más de diez minutos acaba con la ronda.

—*Juliá... ahoda... otroz zinco vazos má...*

El camarero le mira, el otro insiste con un gesto, y le sirve el whisky. En cinco minutos, el whisky desaparece.

—*Julio, hijo... mira avé si me pone ahodita trez vazitos máz...*

El camarero, ya un poco mosca, le sirve y se queda contemplando cómo el cliente engulle el licor. Al final el hombre exclama, con un gesto de extrañeza:

—*Pué no lo entiendo, no zeñó... Cuanti que meno bebo, máz borrassbo eztoy...*

Uno de Lepe

En una taberna de Burgos, entre los cafés, las copas y los puros, se han reunido los parroquianos para charlar y animarse contándose chistes.

A todo esto uno anuncia:

—Pues ahora voy a contar uno de Lepe.

Y un cliente salta diciendo:

—Oiga, que yo soy de Lepe.

A lo que el parroquiano le responde:

—No se preocupe, ya lo contaré dos veces.

Y otro de borrachos

En pleno mes de agosto, con las respectivas familias en la playa, un par de amiguetes pendencieros se dedican a frecuentar todos y cada uno de los chiringuitos de la costa.

Y así llegan al chiringuito de una playa de nudistas, y el uno le dice al otro:

—Tendremos que irnos, colega.

—¿Por qué?

—Porque en este bar las copas son tan caras que dejan a la gente en pelotas.

A la tercera va la vencida

Dos amigos conversan en el bar sobre sus respectivos matrimonios. Uno de ellos dice:

—La primera vez que mi mujer no me dejó salir de casa, me enfurecí; la segunda, me encolericé...

—¿Y la tercera? —le interrumpe el otro.

—La tercera, no salí...

Juego de palabras

Dos amigos toman unas copas en un bar. Uno pregunta al otro:

—Oye, Pedro, ¿qué es lo primero que se te ocurre al ver a un hombre con un saco de patatas al hombro y mojándose porque llueve?

—Pues... no lo sé...

—Sí, hombre. Pues, que *va-calao*... con patatas.

No hubo dificultad

Dos amigos aficionados a trasnochar y a beber, conversan así:

—¿Qué tal llegaste a tu casa después de la fiesta de anoche? —pregunta uno.

—¡Oh, no tuve ninguna dificultad! —responde el otro—. Sólo que cuando estaba doblando la esquina de mi calle, un idiota me pisó las manos...

Plazo incumplido

Dos amigos se encuentran en el bar y uno dice:

—¡Estoy desesperado...! ¡Mi mujer juró no hablarme durante dos meses...!

—¡Hombre, eso no es para que te pongas así...! —le interrumpe el otro.

—¡Ya lo creo...! ¡Es que hoy vence el plazo...!

Mala costumbre

Un extraño tipo entra en un bar, bebe tres cervezas, pide otra más y mientras la sorbe lentamente le dice a la camarera:

—¿Sabe? La semana pasada me hubiese costado mucho trabajo pedir estos vasos de cerveza a causa de mi terrible costumbre. Pero gracias al psiquiatra ya no tengo ningún temor, porque donde quiera que estuviese, y aunque me mirasen, si bebía más de tres cervezas me veía obligado a sacar el órgano y mear inmediatamente encima del serrín.

La camarera, extrañada, le dice:

—¡Asombroso! ¿Y cree que el tratamiento le ha curado esa costumbre?

El cliente se baja la cremallera del pantalón y responde:

—¡No, amiga mía...! ¡Pero gracias al psiquiatra ya no me da vergüenza hacerlo!

En un bar

Dos amigos se encuentran en un bar y comenta uno de ellos:

—Oye, ¿de qué murió tu padre?

—De cataratas —responde el otro.

—¿Le operaron? —pregunta el primero.

—No, le empujaron.

En el bar

—¡Camarero! ¡Tráigame un vaso de agua sin menta!

—Señor, la menta la hemos terminado. ¿Le da lo mismo si le sirvo el agua sin grosella?

De nuevo, en el bar

Dos amigos, entre copa y copa, hablan de sus respectivas suegras:

—Mi suegra tiene la dichosa costumbre de rodearse de perros y gatos. ¡Lo ponen todo hecho un asco!
—Por suerte, la mía no quiere saber nada de animales. Dice que conmigo ya tiene bastante.

Precisión

Un señor entra en un bar:
—Déme algo de beber, por favor.
—Tenga, señor, un vaso de agua.
El señor:
—No. El agua me hace daño, yo tengo el estómago de hierro y podría oxidarse.

Entre sordos

Dos sordos juegan a las cartas en un café. Gritan tanto que el dueño, cansado de tanto jaleo, se acerca y dice:
—Lo siento, señores, pero después de las diez de la noche, no se puede jugar a las cartas.
—¿Cómo? —los sordos a la vez gritando de nuevo.
—Que después de las diez de la noche...
—¿Qué dice?
Para acabar de una vez, el dueño les quita las cartas de la mano.
—¡Bah!, no importa —grita uno de los sordos—, aprovecharemos para charlar un rato...

Le salvó la vida

Dos amigos toman unas copas en un bar.
—Ayer le salvé la vida a un tipo —dice uno.

—¿Cómo fue? —pregunta el otro.
—Le disparé un tiro y erré...

Petición original

Cuentan que Santiago Rusiñol, el gran literato y pintor catalán, estaba en el café con unos amigos suyos. Uno de ellos dijo al mozo:
—A mí me traerá un té.
—Pues a mí me servirá una manzanilla.
—A mí tráigame una tila —añadió el tercero.
Y don Santiago, muy serio, dijo al camarero:
—A mí me dará unos toques en el cogote con tintura de yodo...

La pesca

—¿Qué está pescando encima de ese árbol? —pregunta un individuo a otro que está sobre una rama con la caña y el anzuelo.
—¿Me invita a una copa si se lo digo?
—Sí.
—Muy bien. Esperaba pescar un tonto que me invitara a una copa.

No ve a nadie

Un borracho le dice a un amigo:
—En mi vida me he visto borracho.
—¡No digas disparates! —replica el otro.
—Te lo afirmo, y es verdad. Cuando estoy borracho no veo a nadie...

Mujer enfadada

Son las tres de la madrugada. Pérez y Rodríguez están tomando unas copas en el bar. Pérez dice a su amigo:

—Vamos. Ya es hora, ¿no te parece?

—¡Oh, no! —contesta el compañero—. Lo siento mucho, pero yo no puedo volver a mi casa.

—¿Y eso por qué?

—Porque mi mujer está muy enfadada. Hace una semana que no entro...

Uno de fútbol

Se encuentran en un bar dos amigas que hacía tiempo no se veían.

—¡Ah! —suspira la más joven de ellas—. Si solamente transmitieran un partido de fútbol todas las noches por la televisión, sería la mujer más feliz del mundo.

—¿Hasta ese punto eres fanática del fútbol? —le pregunta la otra.

—Nada de eso. El fanático del fútbol es mi marido. Y cuando está sentado delante de la pequeña pantalla, gritando y contando las faltas, está como fascinado y yo puedo jugar tranquilamente con mi cuñado.

Un camarero responsable

Un camarero responsable de un bar comenta con profundo disgusto a un amigo suyo:

—De verdad, Billy, en veinticinco años de vida profesional nunca me sucedió nada parecido. Mira, entró por la puerta un caballo, se acercó a la barra y con voz de cazalla me dijo: «Sírvame un whisky». Se lo serví y al cabo de un rato el caballo me increpó: «Se ha olvidado de ponerme soda». ¡Y te digo, Billy, que en veinticinco años de trabajo nunca me había pasado una cosa así!

—¿Encontrarte con un caballo que hablara...?

—No, hombre, no; el servir un whisky y olvidarme la soda.

En la cafetería

Un hombre entra en una cafetería. Se acerca a la barra y le dice al dependiente:

—Tráigame un café bien cortito.

—En seguida, señor. ¿Algo más, señor?

—Sí. Procure que la taza tenga el asa al lado izquierdo. Soy zurdo, ¿sabe?

El turista inglés

Durante un veraneo en España, un turista inglés lleva a su hijo de unos quince años de edad a un bar para enseñarle cómo un británico digno de este nombre debe portarse siempre.

Tras beber unas copas de manzanilla, le dice:

—Hijo mío, un buen inglés debe beber, pero nunca ha de pasar de cierto límite.

—¿Y cómo podré conocer cuándo debo dejar de beber? —inquiere el joven.

—Es muy sencillo. ¿Ves aquellos dos hombres allá lejos...? Pues cuando veas cuatro, no bebas más.

—¡Pero, papá, si allí no hay más que un hombre! —replica el chico.

Café frío

El tío puñetero va al bar; se sienta en una mesa y pregunta al camarero:

—¿Tiene café frío?

—Sí, claro.

—Bueno, entonces hágame el favor de calentarlo un poco.

Nadie se queja de ella

Un turista ya mayor se ha casado hace poco con una hermosa rubia española a la que lleva veinticinco años. Entra en un bar, toma unas copas y al momento empieza a hablar mal de su mujer.

En un momento en que se calla para echar un nuevo trago, el camarero exclama:

—¡Qué extraño que le vaya tan malísimamente con esa joven...! ¡Ninguno de mis clientes se queja de ella...!

El vampiro

Un vampiro entra en un bar y pide:

—Déme un vaso de sangre, por favor.

—¿De qué clase? —pregunta el camarero.

—No importa de cuál, con tal que sea fresca.

Al poco rato entra otro vampiro.

—Yo quiero un vaso de sangre del grupo C —solicita.

—¡El señor sí que entiende! —comenta el camarero.

La civilización

Dos aldeanos toman unos vasos de vino en la taberna.

—Oye, tú. Y eso de la civilización, ¿qué es? —pregunta uno.

—Pues que en vez de morirte de paludismo —responde el otro— te mueres atropellado por un automóvil.

Las verduras

Dos amigos, uno de ellos muy grueso, toman unas cervezas en la terraza de un bar.
—A mí me han hecho engordar las verduras —dice uno.
—¿Comes muchas? —pregunta el otro.
—No. Es que tengo varios puestos de venta en el mercado.

El desahucio

Dos amigos se encuentran en el bar. Uno de ellos, dice:
—Esta mañana he leído lo más emocionante que pude leer en mi vida.
—¿Qué libro es? —pregunta el otro.
—No es ningún libro. Es una nota del casero comunicándome el desahucio.

Pequeña confusión

El borracho entra tambaleándose al bar. En sus manos lleva un pato. Cuando el camarero le ve, exclama:
—¡Qué mala idea traer semejante cerdo a mi bar!
—¿Qué cerdo? ¡No ves que es un pato! —replica el borracho.
—Es que no hablaba contigo, tío, hablaba con el pato.

Valor internacional

Dos amigos conversan en el bar; uno de ellos dice:
—Yo viajaría, pero no conozco más idioma que el mío.

—Para viajar —replica el otro—, con una sola palabra basta.

—¿Cuál?

—¡Dinero...!

La Europa Verde

Varios aldeanos beben y discuten en la taberna.

—A mí me encanta viajar —dice uno—. Y lo que más me gustaría es visitar la Europa Verde.

—¡Bah...! ¡Eso a cualquiera le gusta! —replica otro, sonriendo pícaramente.

—¡Cuidado, amigos! —aclara uno más leído—. Habéis de saber que la Europa Verde no son los cabarets de París.

Caza y pesca

Dos amigos, uno cazador y el otro pescador, se sientan en un café y empiezan a contarse sus proezas.

—El otro día —dice el cazador— se me ocurrió atar a la bala de mi escopeta una cinta de bramante... Fue una cosa bárbara. Se había levantado una bandada de patos, que vuelan siempre en grupo. Apunté al sitio en que aquel era más nutrido, disparé y... la bala atravesó cien patos, que cayeron al suelo ensartados en la cinta de bramante. No tuve más que hacer un nudo y llevarlos tranquilamente a casa...

—Algo por el estilo me pasó a mí —replica entonces el pescador— cuando pesqué dos cangrejos en la cumbre del Guadarrama.

—¡Vamos, hombre! —le interrumpe su amigo—. ¿Vas a decirme que hay cangrejos en la cumbre del Guadarrama?

El pescador frunce las cejas, cruza los brazos y agrega indignado:

—¿De modo que yo te he dejado matar cien patos y ensartarlos con una cinta de bramante y tú no me dejas pescar dos cangrejos donde me dé la gana...?

A pie

Dos amigos conversan en el bar de sus cosas. De pronto ven entrar a un hombre, y uno de ellos dice:

—A ese médico le debo el estar caminando.

—¿Te salvó la vida? —pregunta el otro.

—No tanto... Pero para pagarle la operación que me hizo tuve que vender el automóvil...

Ya la había visto

Dos amigos se encuentran a medianoche en un bar.

—¿Qué cuentas? —pregunta uno.

—Por aquí andamos —responde el otro.

—¿Y tu novia?

—Se ha ido al cine con un amigo.

—Y tú, ¿por qué no has ido?

—Yo no quise ir porque ya había visto esa película...

Lo que necesita el orador

En la cafetería están reunidos varios jóvenes amigos. Uno de ellos les pregunta:

—¿Qué es lo primero que necesita un orador para hablar en público?

—Buena presencia —dice uno.
—Buena voz —añade otro.
—Ademanes correctos —replica un tercero.
—Nada de eso —contesta el que hace la pregunta.
—Pues entonces, ¿qué? —inquiere un amigo.
—Sencillamente, público...

Quedó el primero

Ricardo va por la calle tambaleándose. Se encuentra un amigo que le pregunta:
—Pero ¿qué te ha pasado?
—Pues... verás... —responde Ricardo—. En el bar del Pepe hubo una apuesta sobre quién bebía más copas.
—¿Ah, sí? —le interrumpe el amigo—. ¿Y quién ha quedado segundo...?

El sabelotodo

Dos amigos beben cerveza en el bar, mientras hablan de diversas cosas. Uno de ellos dice:
—Hombre, tú que has estado en el extranjero y sabes tanto, ¿qué es un luterano?
—Eso lo sabe un niño —responde con suficiencia el otro.
—Bueno, pero ¿qué es?
—¡Hombre...! Luterano es el que lleva luto. ¿Comprendes?

Despedida

Dos buenos amigos conversan en un bar. Uno de ellos dice:
—Pedro, esta es la última vez que nos vemos. Me voy al extranjero para no volver...

—¡Ah, querido amigo Juan...! —exclama el otro—. Entonces, ¿podrías prestarme diez mil pesetas?

Se hizo pasar por el amigo

Un joven, pregunta a un amigo:

—Dime, Ricardo: el año pasado, pasaste tus vacaciones en Marbella, ¿verdad?

—Sí —responde extrañado el preguntado.

—Y dime: ¿no encontraste a una viuda muy rica?

—Sí...

—E hiciste el amor con ella, ¿no es así?

—Bueno sí... Pero ¿por qué me preguntas eso?

—¡Espera, espera...! Y ahora dime: ¿Por casualidad tú no te hiciste pasar por mí...?

—¿Lo sabes, amigo mío? Entonces... si lo sabes voy a

decírtelo todo: ¡Sí, me hice pasar por ti! ¡Le di tu nombre y fingí que eras tú! ¡Lo siento, yo...!

A lo que el otro replica riendo:

—¡No te preocupes, hombre¡ ¡No te preocupes...! ¡Ella acaba de morir y me ha legado toda su cuantiosa fortuna...!

El dinero

Dos jóvenes conversan en el bar. Uno de ellos comenta:

—¿Es que sólo piensas en el dinero?

—¡Pienso también en las mujeres...! —responde el otro.

—¿Y qué tipo de mujeres?

—En las que tienen dinero...

Semana de tres días

Varios amigos están tomando unas copas en el bar. Uno de ellos exclama:

—¡Lástima que el mundo no ha sido hecho en tres días...!

—¿Por qué? —pregunta curioso uno de los presentes.

—Porque entonces tendríamos dos domingos por semana... ¿No os parece, amigos?

La falsa moneda

En el bar.

—Este billete es falso, amigo —dice el cliente al camarero.

—Yo creo que no, compadre —replica este.

—¡Ya lo creo! Lo conozco muy bien.

—Pues ayer me lo diste tú a mí.
—¡Claro...! Por eso digo que lo conozco, amigo...

La sorpresa del borracho

Un señor muy borracho sale de una taberna y exclama:
—¡Caramba, pero cuántos mellizos encuentro esta noche!

Mesa y sobremesa

En el restaurante

—Las ostras, ¿cómo las quiere, con limón o con pimienta?
—Con perlas, por favor.

En otro restaurante

—¡Camarero! ¡El bistec que me ha traído tiene un sabor asqueroso!
—Perdone, señor —responde el camarero—, pero ¿no decía usted que el que le serví ayer era demasiado graso...?
—¡Sí, así fue!
—Pues hoy, se lo he limpiado con gasolina...

El carro del caballo

—Perdone, camarero, ¡pero esta carne de caballo es tan dura que no se puede ni cortar!
—Señor, el caballo se ha acabado, ¡esto que le he servido es el carro!

La mosca

—¡Camarero! ¡Una mosca en la sopa!
—¡En seguida, señor! ¡Se la traigo en seguida!

Restaurante respetable

El propietario de un conocido restaurante de la costa, se desahoga con uno de los camareros.
—¿Ves a aquel señor que se ha anudado la servilleta alrededor del cuello? ¡Pues ves y hazle entender educadamente que este es un restaurante respetable y no su casa, y que por tanto debe comportarse como debe!
El camarero se acerca al cliente y le dice:
—Perdone, señor, ¿corte de pelo o afeitado?

Olvido

Un señor come en un restaurante y cuando ha terminado y recibe la cuenta, exclama asombrado:
—¡Pero, camarero, esto es un escándalo, un robo! ¿Cómo se atreve a cobrarme dos mil pesetas por una sopa, un filete, media botella de vino, pan y postre?
Al oír esto, replica el camarero:
—¡Ah...! ¿Tenía postre también...?

¡Eso es diferente!

Dos personas se sientan a la mesa de un restaurante. Tras unos entremeses a base de dos rabanitos por cabeza, el camarero les sirve una fuente de arroz.

Uno de los comensales empieza a servirse. Una cucharada, y otra, y otra... El plato se va llenando.

El otro comensal ya se pone mosca al ver que su compañero se sirve con tan poca discreción. Llega un momento en que ya no puede más y exclama:

—¡Eh...! ¡Que vas a dejarme sin nada...!

Su compañero le replica:

—¡Calla, hombre...! ¡Si lo preparaba para ti...!

—¡Ah, bueno; eso es otra cosa...!

Una ganga

Dos personas se encuentran en la calle. A uno de ellos se le ocurre decir que estuvo en un restaurante. Mas para que el otro no le reproche su despilfarro, le dice:

—Me resultó baratísimo. Me costó cien pesetas y me dieron entremeses, arroz, pescado, pollo, frutas, helado, café, vino y coñac.

—¡Estupendo...! ¡Formidable...! Iré mañana mismo —replica el otro.

Pero tras meditar unos instantes, reacciona y dice:

—Oye, oye... ¿Estás seguro de lo que dices? Me sorprende tanta magnanimidad en un restaurante. Dime la verdad: ¿es cierto lo que me cuentas?

—No; es mentira. Pero ¿verdad que será barato por ese precio?

Error de interpretación

Un señor y su esposa, están en un restaurante de la Costa Brava. Después de tomar el aperitivo en la terraza del bar, pasan a la mesa. En ese preciso instante, una vendedora de flores, ambulante, se aproxima y le pregunta al marido:

—¿Quiere un pequeño ramo, para embalsamar a la señora?

Y el hombre, encogiéndose de hombros, refunfuña:

—¡Se lo agradezco, pero la haré incinerar...!

El experto

Llega un señor a un restaurante y dice:

—Por favor, camarero, ¿me traería un pollo irlandés?

A lo que el camarero responde:

—Un momento, por favor, que consultaré con el *chef*...

El camarero entra en la cocina y le dice al *chef*:

—Oye, tío, que fuera hay un señor que me ha pedido un pollo irlandés, ¿tenemos...?

—Tranquilo, tranquilo..., déjalo en mis manos.

Y acto seguido, el *chef* prepara una salsa rara y complicada y la añade al pollo que tenía preparado. Le dice al camarero:

—Toma, llévaselo y tranquilo, que no hay ningún problema.

Con mucha ceremonia, el camarero coloca el plato en la mesa y muy profesionalmente le dice:

—Señor, su pollo irlandés... *Bon apetit, monsieur!*

El cliente da la vuelta al pollo, introduce su dedo meñique en el culo del pollo y después de olerlo con detenimiento, llama al camarero y le dice:

—Esto..., bueno, tal vez no he debido de explicarme muy bien. Le he pedido un pollo irlandés y no un pollo de Badalona. Haga el favor de cambiármelo.

El camarero le pide disculpas por la confusión y en cuanto llega a la cocina le dice al *chef*:

—Oye, que el señor dice que este pollo es de Badalona. ¿No te habrás dejado puesto el sello del matadero?

A lo que el *chef* responde:

—Imposible. Es cierto que el pollo que le has servido es de Badalona, pero son de crianza casera. Pero... no te preocupes que le prepararé este otro pollo que es de Mérida y guardan un gran parecido con los pollos irlandeses.

Nuevamente se repite la historia. El cliente llama al camarero y le dice:

—Oiga, este pollo que me acaba de servir no ha visto Irlanda ni en postales. Este pollo es de Mérida —mientras permanecía oliéndose el dedo.

En esto, un borracho que había en la mesa de al lado se acerca al cliente con mucha gracia y le dice:

—Señor, tengo una borrachera encima que no sé ni cómo me llamo. ¿Me haría el favor de meter su dedo en mi culo y decirme mi domicilio?

Repetido

Un cliente entra en un restaurante y pide un bistec y el camarero se lo sirve rapidísimamente. Al empezar a masticarlo nota que está muy duro, y llama al camarero.

—Este bistec está durísimo —se queja.

El camarero se excusa y le pregunta al cliente que si quiere a cambio una hamburguesa.

—Bueno —responde el cliente—, pero es que ya he empezado el bistec.

—No se preocupe —replica el camarero—, ya le traeré también una hamburguesa algo mordida.

Afán de perfección

Un pícaro se valía de la siguiente estratagema para comer gratis: Cuando terminaba de comer en un restaurante, se levantaba y se dirigía a la salida con la mayor naturalidad, replicando al camarero cuando le alcanzaba y le reclamaba el importe de lo que acababa de comer:

—Pero ¿no se acuerda de que ya le he pagado hace unos minutos?

No dudando de la buena fe del cliente, el camarero se deshacía en excusas. Al día siguiente entraba en otro establecimiento y repetía la fechoría. Una vez contó su ardid a un amigo, tanto o más pícaro que él, quien inmediatamente lo puso en práctica, aunque perfeccionándolo. Este sujeto, después de comer, tamborileaba nerviosamente con los dedos sobre la mesa para llamar la atención del camarero, a quien decía, en tono seco, al acercarse:

—¿Qué? ¿Me trae esa vuelta o no?

A diario

En el restaurante, el cliente dice al camarero:

—Estas albóndigas no hay quien se las coma. Las que comí anteayer, aquí mismo, eran muchísimo mejores.

Ofendido, el camarero replica:

—Perdone el señor, pero no puedo estar de acuerdo con usted. ¡Si precisamente son las mismas albóndigas!

Comida casera

Se trata de un famoso y leal cliente que entra en su restaurante preferido y llama al camarero:

—Señor camarero, siento mucho no haber venido a comer hace ocho días.

—¿Por qué razón? —pregunta el ya conocido camarero.

—Porque hace ocho días habría estado fresca esta merluza.

Sobre Paganini

Un día, el genial violinista Paganini caminaba por una calle de Milán con su precioso violín bajo el brazo. Como empezaba a sentir apetito, entró en un restaurante, dispuesto a comer; pero no había dado dos pasos cuando se le presentó el *maître*, que le dijo bruscamente:

—¿Es que no ha visto usted el letrero de la puerta? ¡Bien claro lo dice!: «¡No se admiten músicos ambulantes!».

Sopa tardía

—¡Camarero! —grita el indignado cliente—. ¡Esto es intolerable! ¡Hace más de una hora que he pedido la sopa y todavía no me la han servido!

—Paciencia, caballero —responde el camarero—. Tenga en cuenta que se trata de sopa de tortuga.

Uno después del otro

A la puerta de un restaurante se anuncia que hay un salón donde pueden servir doscientos cubiertos. Un caballero entra y pregunta por el dueño, a quien informa de que ha de dar un banquete y desea ver el salón anunciado. Amablemente es conducido por el dueño a una salita donde apenas pueden comer cinco personas, y el caballero pregunta irónico:

—¿Y usted se ve capaz de servir aquí, en esta sala tan pequeña, a doscientos comensales?

—Sí, señor —replica el interpelado sin inmutarse—. Uno después de otro.

Una queja razonable

En el restaurante un cliente se queja al camarero:

—El filete que me sirvieron ayer era dos veces mayor que el de hoy.

—¿Dónde estaba sentado el señor? —pregunta el camarero.

—Junto a la ventana que da a la calle.

—¡Ah, bueno! Eso ya es otra cosa... ¡El restaurante aprovecha siempre cualquier ocasión para hacer propaganda!

Carne de calidad

En el restaurante:

—¡Camarero! —grita el cliente—. Haga el favor de no tocar mi bistec con el dedo. ¡Eso es intolerable!

—Lo lamento, señor —responde el camarero—; pero si no lo sujeto se lo va a llevar el viento otra vez.

Una perdiz astuta

Cierto cliente entró en un gran restaurante famoso por sus especialidades en platos de caza. Se sienta a la mesa y llama al mozo, diciéndole:

—Yo quería una perdiz, pero déme una que no sea tan astuta como la que comí aquí hace tres días.

—¿Una perdiz astuta? —pregunta asombrado el camarero—. ¿Pero qué es lo que usted entiende por eso?

—Pues muy sencillo; que la que me sirvieron el otro día había conseguido burlar a los cazadores durante cinco o seis años.

A la carta

Un robusto campesino llegó a Madrid por primera vez; después de muchas vacilaciones y dudas se decidió a entrar a un restaurante. El camarero le presentó la carta. Arrugando el entrecejo fue leyendo toda la minuta hasta que la mirada se detuvo en la palabra caviar.

—¿Qué quiere decir eso de caviar? —preguntó el pueblerino.

—Son huevas de esturión... —contestó el camarero.

—¡Ah... son huevos...! ¡Estupendo! Póngame un par pasados por agua.

Otro en el restaurante

A la salida de un restaurante, el señor recoge el paraguas del guardarropía, lo observa atentamente y, devolviéndolo al empleado, dice:

—Este paraguas no es mío.

—Puede que tenga usted razón, señor —responde el empleado—. Yo sólo puedo afirmar que es el que usted depositó aquí al entrar.

Malentendido

Un turista inglés entra en un restaurante francés:
—Disculpe, ¿tiene ancas de rana? —pregunta al camarero.
—No, señor. Camino así por la artritis.

Vaya moscón

En el restaurante, un cliente entra furioso a la cocina:
—¡Mirad, mirad aquí! ¡Un moscón en la sopa!
El jefe de cocina mira al pinche con fastidio:
—Otra vez, Manuel. Te lo he repetido mil veces. Los moscones van en el segundo plato, en la sopa solamente moscas.

Uno de pulpos

A la puerta de un restaurante típico está el mesonero, y a su lado hay una mesilla de mármol y un cubo con pulpitos. Pasan tres turistas, se detienen, consultan entre sí, y preguntan:
—¿Son pulpos frescos?
—¡Y tanto! ¡Miren! —afirma el mesonero, sacando un pulpito del cubo y mostrando cómo se debate sobre la mesilla de mármol.
Los turistas entran, y mientras la correspondiente ración de pulpo congelado va a parar a la sartén, a la puerta del restaurante se repite la misma historia. Así, al cabo de unas horas, el restaurante está lleno de turistas comiendo pulpitos congelados. Y, en el cubo de la puerta, un pul-

pito que acaba de sentir la mano del patrón que lo aferra, le dice a los otros:

—¡Qué día, eh! ¡Hoy no hemos parado, amigos!

La prueba

Un obeso señor, congestionado, está hecho un basilisco en un extremo del comedor; gesticula, refunfuña furiosamente apagadas injurias y, cuando al fin se acerca el camarero, el cliente, erguido, le grita en pleno rostro, tendiéndole el plato:

—¡Usted no tiene vergüenza de servir un pescado como este! ¡Esto es un escándalo! ¡Un cerdo no sería capaz de comérselo!

El camarero titubea un instante, medio segundo nada más, seguidamente le coge el plato, se inclina y murmura:

—En efecto, señor, ya está hecha la prueba.

Gato por liebre

En el restaurante, un comensal dice al camarero:

—Tráigame pastel de liebre.

—No hay, señor —responde el mozo.

—¡Caramba! Si no tienen liebre tendrán gato, ¿no?

—Señor. Si tuviéramos gato ya le hubiéramos traído liebre.

En el restaurante

—¿Cuánto vale una ración de langosta con mahonesa? —pregunta un cliente.

—Quinientas pesetas —responde el empleado.
—¿Y sin mahonesa?
—Igual.
—En ese caso tráigame una ración de mahonesa.

El gruyère

En el restaurante, el comensal, sorprendido, dice al camarero:
—¡Oiga! ¡Le he pedido de postre una ración de queso gruyère y aquí no hay nada!
A lo que responde con sorna el sirviente:
—¡Tiene razón; pero es que no le han tocado a usted nada más que agujeros...!

Confusión

—Oiga, camarero; otros días he comido mejor —dice el cliente.
—Tal vez, señor —contesta el mozo—. Pero no habrá sido en este establecimiento.

La cuenta

Después de comer en el restaurante, el cliente pide al camarero:
—Por favor, tráigame la cuenta.
—¿Cómo la quiere el señor, detallada o englobada?
—Detallada, porque en globo subirá demasiado.

Afluencia de público

Un turista con mucha cara, después de haber comido y bebido opíparamente en un restaurante lleno de gente, se dirige al jefe de los camareros y le dice:

—Tengo que confesarle que no tengo dinero para pagar. Haga de mí lo que quiera usted.

El hombre le observa, y después de unos segundos de reflexionar, decide:

—Por esta vez, pase, pero debe hacernos un favor: ir al restaurante de enfrente y repetir esta bromita cuando esté lleno de gente; ya sabe, son competencia nuestra...

—¡Oh, lo haría con verdadero placer! Pero justamente hace un rato he comido y bebido también gratis allí y me han dicho que si no quería ir a la cárcel, tenía que venir a comer aquí, también...

Judías verdes

Un señor está comiendo en un restaurante. De pronto advierte que el tenedor está un poco verde. Inmediatamente llama al camarero y le dice, lleno de lógica indignación:

—¿Acaso me quiere envenenar? Vea: este tenedor tiene unas manchas verdes.

—No se preocupe, caballero —dice el mozo—. Esto no es nada. Lo que ocurre es que ayer servimos judías verdes.

La diferencia

Un señor entra en un restaurante de poca monta y al presentarse el camarero, le dice:

—¿Me hará el favor de traer la carta?

—Lo siento, pero no hay —contesta el mozo—. Tenemos dos cubiertos: uno de doscientas cincuenta pesetas y otro de trescientas.

—¿Y qué diferencia hay del uno al otro?

—Pues, cincuenta pesetas.

Conocer el restaurante

Pierre Benoit, el célebre autor francés de *La Atlántida*, hablaba con unos amigos del verano y de las comidas en distintos hoteles. Uno de ellos preguntó al novelista:

—¿Verdad que debe ser molesto tanto cambio de cocinas?

Pierre Benoit contestó, ingenioso:

—Amigo mío, lo más difícil del veraneo y de las vacaciones es distinguir entre los restaurantes donde se chupa uno los dedos y aquellos otros donde uno se los muerde...

Laringitis

La joven camarera de un restaurante no puede entender lo que le pide una señora, que está afónica.

—Le repito —dice la señora carraspeando con gran esfuerzo— que tengo laringitis. Tal vez un me convendría poco de caldo caliente.

Al fin la muchacha comprende y trae la sopa. Pero está muy nerviosa y, al llegar, le derrama el plato encima de la cliente.

Vuelve a la cocina después de haber dado mil excusas, da un suspiro de alivio y musita:

—Lo que sí es cierto es que a esa señora le ha mejorado la voz en seguida nada más sentir el calor de la sopa...

En la mesa redonda

En una fonda de Sevilla sirven de postre una gran fuente de fresas. Un inglés se apodera de todas las fresas y las pone en su sitio, comenzando a comerlas sin punto de descanso.

—Oiga usted, míster —le dice un gaditano—, que a los demás también nos gustan las fresas.

El inglés le mira sin dejar de comer, y contesta con la mayor flema:

—¡Oh! No será tanto como a mí.

Dentadura postiza

Un matrimonio de viejos entra en un restaurante. Se acerca el camarero y pregunta:

—¿Qué van a tomar los señores?

El viejo responde:

—Para mí un bistec con ensalada, y para la señora un consomé.

El camarero les sirve la comida, y los viejos, despacito, despacito, se la comen. Cuando terminan, el camarero pregunta:

—¿Desean algo más?

Y el viejo dice:

—Ahora un consomé para mí, y un bistec con ensalada para la señora.

—¡Lo podrían haber pedido todo junto!

—Disculpe, pero ¿sabe? Es que tenemos una sola dentadura postiza para los dos.

En el restaurante

—Camarero, este jabalí sabe a madera.
—Será una jabalina.

En el cine

Un actor desconocido llega al restaurante. Se sienta, y la camarera toma nota. Cuando le lleva el primer plato, la chica le dice:
—¿Me equivoco o le he visto en alguna parte?
El actor hincha el pecho y le contesta:
—Puede que me haya visto en el cine.
—Puede —dice la chica—. ¿Usted dónde suele sentarse? ¿Atrás o delante?

Caldo de pollo

En un restaurante, el cliente grita furioso al camarero.
—¡A esto lo llaman caldo de pollo! ¡Pero usted se cree que soy tonto o qué!
—Le juro que es caldo de pollo muy muy joven, señor —contesta el camarero.
—¿Qué quiere decir con eso de pollo muy muy joven?
—Verá, es el agua donde hemos cocido los huevos duros.

A la cola

Un turista italiano va a cenar a un restaurante. Pide canelones a la Rossini. El camarero le sirve y el señor, sintiendo que la salsa está agria, se los devuelve de mal humor:

—¡Dígale al cocinero que se los meta en el culo!

El camarero, silencioso, retira el plato y se va. Al cabo de unos minutos regresa con el plato:

—Lo siento, señor. Deberá esperar. El cocinero dice que antes que los canelones tiene que meterse en el culo dos bistecs a la mostaza y una trucha a la navarra.

Restaurante catalán

Paseando por las calles de Nueva York, desde hacía ya una semana, se encontraba un catalán. Ya estaba harto de comer hamburguesas, cuando de repente levanta la vista y ve un cartel: «RESTAURANTE CATALÁN». Emocionado, entra en el local y ¡vaya sorpresa!, lo atiende un chino que le pregunta en un correctísimo catalán qué desea para comer.

El hombre, sorprendido, le responde:

—*Botifarra amb mongetes.*

La escena se repite con la elección del vino, el postre y el café. A la hora de pagar nuestro catalán le pregunta al chino por su dueño, quien aparece inmediatamente:

—¿Ha comido usted bien?

—Muy bien..., les felicito. Pero hay una cosa que no entiendo, ¿cómo ese chino habla tan bien el catalán...?

—Shhh. Hable bajo, que él piensa que conmigo aprende inglés y así no le pago.

Al terminar...

Un señor está en un restaurante y el camarero observa que ya ha terminado, se dirige hacia él y le dice:

—¿Quiere la cuenta, señor?
—No, gracias; no quiero nada más.

Un impaciente

—Camarero, ese palillo que le he pedido, por favor.
    —¡En seguida se lo traigo! Lo tiene el señor de al lado,
que apenas tiene dientes.

Filete con patatas

En un restaurante. El camarero le dice a su cliente:
    —¿Qué quiere el señor? ¿Que pasen el filete por la sar-
tén, de nuevo?
    —No. Que le hagan un homenaje a la vejez...

Contrariedad amorosa

En un restaurante una pareja.
    —Si tus padres me niegan tu mano, me tiraré al mar.
    —¡Qué horror!
    —No temas. Nado como un pez.

Ventajas

Un señor entra en un restaurante que está completamente
lleno. De repente, encuentra una mesa en la que hay un
señor que está durmiendo. Llama al camarero.
    —Óigame, ¿por qué no despiertan a este señor y le di-
cen que hay clientes que están esperando su mesa para comer? —dice muy enfadado el señor.

—Es que ya lo he despertado por lo menos tres veces y se me ha vuelto a quedar dormido.

—Entonces, no lo entiendo, ¿por qué no lo echan de una vez a la calle?

—No, señor, no puedo hacer eso que me pide. Cada vez que lo despierto me pide la cuenta y me la paga.

Restaurante

—Óigame, camarero, ¿cuántos días hace que trabaja aquí?

—Ocho días, señor.

—Entonces, no puede ser usted el mismo al que encargué el bistec.

El vestido

En un restaurante de moda, un señor muy elegante está comiendo con una joven y hermosa muchacha.

La camarera le trae una nota que le envía una señora sentada en una mesa más allá, sobre la que ha escrito:

«Amigo mío, le advierto que está comiendo con mi doncella y en este momento lleva puesto uno de mis vestidos...»

El señor le contesta inmediatamente en la misma nota:

«Tranquilícese, amiga mía. ¡No lo llevará puesto mucho tiempo!»

La repetición

Un caballero de severo aspecto entra en un restaurante de fama y ordena que le sirvan una comida refinada y cara, acompañada de los vinos más exquisitos.

Al final de la comida le dice al camarero que quiere hablar con el director. Y cuando este se acerca, tratando de obsequiar a su nuevo cliente, el caballero le pregunta:

—¿Os acordáis de mí, amigo mío?

—Me parece que no... —responde perplejo el dueño.

—¿No? —continúa el otro—. Pero os acordáis sin duda de aquel hombre que vino el año pasado, pidió una gran comida y después no tenía ni una peseta para pagar. ¿Verdad?

—Sí que creo recordar...

—Y os acordaréis, además, de que lo despedisteis a puntapiés como a un perro...

—Verdaderamente..., sí —responde preocupado el director, en actitud de pedir perdón—. ¡Señor, es que yo no creía que...!

—¡Pues bien —exclama majestuosamente el cliente—, creo que hoy tendréis que hacerlo de nuevo...! ¡Así que, amigo, adiós!

Dudas ortográficas

En un restaurante, antes de comenzar el trabajo diario, confeccionan la lista con el menú. Uno de los platos es huevo con tomate y el jefe de los camareros pregunta:

—¿Huevo cómo se pone? ¿Con hache o sin ella?

—Con hache —contesta el dueño.

—Pero ¿se pone al final o al principio?

—Al principio.

—¡Imposible...! —dice un camarero.

—¿Por qué?

—Porque de principio tenemos aceitunas y ensaladilla rusa.

Cambio

En el restaurante dice un cliente al mozo de turno:

—¡Camarero! ¡He cambiado de idea! Hágame de la costilla que antes le pedí un bistec, ¿quiere?

—Perdone, señor; pero soy camarero y no prestidigitador...

Exigente

En un día de ocio, acompañado de su mujer y de sus dos hijos, un individuo se sienta a la mesa de un restaurante al aire libre. Desempaqueta unos bocadillos y se disponen a comérselos. Cuando llega el camarero le pide cuatro vasos de agua.

Al observar la escena, el encargado no puede contenerse y se acerca a la familia.

—Esto es un restaurante, señor —le dice el individuo.

—Ya lo sé... ¿Y usted quién es?

—El responsable del servicio.

—Perfectamente... Le iba a mandar llamar. ¿Quiere decirme por qué no toca la orquesta?

Pensión completa

Un alemán de Alemania

El alemán llega al hotel y presenta sus documentos en la recepción:

—Yo tener documento, yo ser alemán de Alemania.

—Le creo... si usted es alemán, viene de Alemania, ¿no es así?

—*Ia*, yo querer precisar de Alemania, porque en la frontera el policía dijo:

—Otro alemán de mierda.

Se habla español

En un lujoso hotel de París se exhibe, según usanza corriente, un cartelón que dice: *«SE HABLA ESPAÑOL»*. Un baturro entra y dice:

—Buenos días, señores.

—Muy buenos. ¿Qué desea usted? —le pregunta el recepcionista.

—¿Y la familia?

—¿La... familia? Muy bien, pero ¿qué desea usted?

—¿Yo? ¡Nada! He visto ese cartel que dice *«SE HABLA ESPAÑOL»*... y me he dicho: «Pues vamos a hablar un ratico...».

Imprudencia ajena

De madrugada un ruidoso grupo de extranjeros juegan a las cartas y cantan en un cuarto del hotel. Y cuando el huésped del cuarto vecino golpea la pared con un zapato para ordenar que callen, uno de los cantantes comenta disgustado:

—¡Vaya gente imprudente! ¡Mira que ponerse a colgar cuadros a estas horas...!

Recién casados

Una pareja de recién casados entra en el ascensor del hotel. La bella joven ascensorista guiña un ojo al hombre y exclama:

—¡Adiós, tesoro!

Durante el resto del trayecto reina un silencio mortal, pero cuando los dos esposos entran en la habitación, la mujer estalla:

—¿Quién es esa golfa?

—Mira, déjalo pasar, por favor —dice el marido—. Ya tendré bastantes inconvenientes mañana para explicarle quién eres tú...

Un pueblerino

Un campesino, que jamás había salido de su pueblo, baja por primera vez a la ciudad, aprovechando una semanita de vacaciones. En cierto momento, cuando se halla en el vestíbulo de un hotel, observa cómo un anciano entra en una habitación estrechísima y sin ninguna clase de muebles.

El hombre ignoraba la existencia de los ascensores. Al cabo de unos segundos, vuelve a abrirse la puerta y desciende un muchacho joven y apuesto. El ignorante campesino exclama:

—¡Caramba! Si lo llego a saber, traigo a mi mulo... ¡El pobre se cae de viejo!

En una pensión

—¿Tiene pescado fresco? —pregunta el cliente.

—Tan sólo los viernes; pero tenemos una habitación libre si usted quiere esperar.

El despertador

El cliente de una pensión familiar antes de subir a su habitación, ruega ser despertado la mañana siguiente a las seis.

—Es un servicio que, normalmente, no hacemos —le explica el propietario de la pensión—. Pero si usted lo desea puedo prestarle un reloj despertador.

—¿La alarma está en orden?

—Creo que sí. De todas maneras si llegara a atascarse, para hacerla funcionar basta con darle un golpecito sobre la esfera.

Avaricia

—He conocido muchos hombres avaros —dijo Juan a un amigo—, pero recientemente he entrado en contacto con uno, dueño de un hotel de tercera categoría en una ciudad, que bate todos los récords. El individuo en cuestión puso este letrero debajo del reloj del restaurante: «ESTE RELOJ ESTÁ RESERVADO SOLAMENTE A LOS CLIENTES DEL HOTEL».

La cuenta

Dos amigos coinciden en el balneario y después de los saludos de rigor, uno de ellos dice:

—He venido a tomar baños de impresión, y la verdad es que no noto nada...

—¡Ah...! —le interrumpe el otro—. ¿Todavía no te han pasado la cuenta en el hotel...? ¡Ya verás, entonces...!

El diagnóstico médico

Una pareja de recién casados en su viaje de novios se alojan en un buen hotel.

—¿Qué representa ese cuadro? —pregunta la mujer, señalando uno que hay en un salón.

—Es una sílfide en un bosque, corazón mío —responde el marido. Y al oír esto exclama ella:

—¡Sílfide..., sílfide...! ¡Eso es justamente lo que me diagnosticó el médico, poco antes de casarme...!

Hotel

Un turista llega a una ciudad y se dirige hacia un hotel.

—Perdone —le dice al portero—. ¿Cuánto vale una habitación en este hotel?

—¿En qué piso? En el primero son doce mil pesetas.
—¿Y en el segundo?
—En el segundo vale diez mil.
—¿Y en el tercero?
—En el tercero vale ocho mil pesetas, señor.
—¿Y en el cuarto?
—En el cuarto vale seis mil pesetas.
—¿Y en el quinto?
—Pues en el quinto son cuatro mil pesetas.
—¿Y en el sexto?
—Lo siento, señor —responde el portero—, pero no hay sexta planta en este hotel.
—La verdad es que el hotel me gusta mucho, lástima que sea demasiado bajo para mí.

Conversación veraniega

El director de un hotel le dice a un cliente:
—No saldrá de aquí hasta que no haya pagado la cuenta.
—Y entonces, dígame, ¿qué tiempo hace aquí en invierno?

Depende

Un empresario se toma unas vacaciones y se va a una playa de moda. Se hospeda en un hotel elegante y pregunta a un camarero:
—Supongo que para cenar habrá que vestirse...
A lo que el sirviente responde:
—Como el señor quiera; pero las cenas servidas en la cama tienen un aumento de quinientas pesetas.

Quería salir

A las tres de la mañana el vigilante del hotel es requerido por una llamada telefónica. Una voz dice:

—Le habla el huésped de la habitación 120. Quisiera saber a qué hora se abre el bar.

—Mañana, a las ocho, señor —responde el vigilante nocturno.

Cuatro horas después, una nueva llamada telefónica.

—Aquí el huésped de la 120 —dice una voz cansada—. ¿A qué hora abren el bar?

—A las ocho —grita el vigilante, disgustado—. Tenga paciencia. Podrá usted entrar en el bar dentro de una hora.

—Pero —gime la voz— si yo no quiero entrar..., sino salir.

Hotel de Luxe

Un joven camarero comienza a trabajar en el Gran Hotel de Luxe. Está sirviendo la mesa de una señora bastante obesa y con unas tetas descomunales. La mujer hace un gesto y se le sale una teta por el escote. Impávido, el camarero se la toma delicadamente entre las manos y la vuelve a su lugar.

El *maître*, que ha presenciado la escena, llama al joven camarero y le pregunta:

—¿Dónde me has dicho que trabajabas antes? ¡Ah, sí! Ya recuerdo. En el Ejecutivo Azul, después en la Flor de Loto... ya veo, allí has aprendido esos modos. Pero ahora, jovencito, no olvides que estás en el Luxe; aquí nada de manos. Cuando ocurre una cosa así aquí se emplean cucharones de plata, y además, tibios.

Una maravilla

Una pareja en viaje de bodas va a las cataratas del Niágara adonde llegan casi de medianoche. Los dos se encierran inmediatamente en una cómoda habitación de hotel, de la que no salen para nada en cinco días. La mañana del sexto día el marido, cansado ya de hacer el amor, dice a su bella esposa:

—Oye, querida, ¿no te gustaría ver la octava maravilla del mundo?

La mujer le mira distraída y responde:

—¡Oh, no, amor mío! No podría resistirlo. Estoy muy fatigada...

Mala memoria

Después de celebrada la boda, unos recién casados salen de viaje y se alojan en un cercano hotel.

Ya en la cama, el marido atrae tiernamente a su mujercita contra su pecho, mientras una oleada de pasión les invade a ambos.

—Dime la verdad, querida —le dice él—. ¿Soy el primer hombre que ha hecho el amor contigo?

—Podrías serlo... —responde ella—. Pero no recuerdo... ¡Tengo tan mala memoria...!

Solución

Una joven pareja disfruta su luna de miel en un lujoso hotel de la costa mediterránea. A la hora de pagar la cuenta, el marido radiante se sorprende al leer: «500 PESETAS POR

DÍA POR LA NARANJA DEL DESAYUNO». El joven marido hace llamar en seguida al director:

—Nosotros no hemos comido nunca estas naranjas que reflejan en la cuenta. Debe ser un error...

—Nada de errores —responde el director sosegadamente—. Todas las mañanas, las naranjas les han sido llevadas junto a la bandeja del desayuno. No es culpa mía si ustedes no se las han comido...

El joven, sin protestar, va a pagar la cuenta, pero extrae una máquina de calcular y al director que le miraba extrañado le explica:

—Estoy deduciendo 1.000 pesetas por día por... la corte que le han hecho a mi mujer.

—¡Señor! —exclama indignado el director—. ¡Yo no me he tomado nunca la libertad de hacerle la corte a su señora!

—¿Ah, no?, pues no es culpa mía. Mi mujer ha estado todas las mañanas y todas las tardes aquí; no es culpa mía si usted no se la ha hecho.

En el hotel

Un turista, después de acomodarse en el hotel, bajó al comedor para cenar.

En primer lugar le sirvieron una cucharadita de caldo aguado; a continuación medio huevo duro con dos hojitas de lechuga. Y, finalmente, una diminuta manzana.

Cuando terminó, llamó al camarero y le dijo:

—¿No tendría usted un papel de fumar?

—No, señor; pero puedo buscárselo.

—Hágame el favor; es que quiero escribir una carta.

Vaya hotelucho

Tras recorrer todos los hoteles y no encontrar alojamiento, el turista desprevenido consigue una habitación en un hotelucho de mala muerte situado en los suburbios.

—¡Mire estas sábanas! —le dice al dueño del hotel—. ¡Están roñosas!

—¿Sí? ¿Le parece? Ninguno de los clientes que las usaron esta semana se ha quejado.

Dos partes iguales

El huésped de la habitación 129 llama enfadado al timbre.

—¡Qué descuido! —grita a la muchacha que acude a su llamada, enseñándole un par de zapatos que había entregado para que los limpiasen, y...

—¿Qué sucede? —pregunta la muchacha.

—Pero ¿no ve usted que uno de los zapatos es rojo y el otro negro?

La chica abre la boca hasta hacerla semejante a un túnel y rompe en exclamaciones de sorpresa.

—¡Mire qué coincidencia tan pintoresca! —exclama admirativamente—. El huésped de la 133 tiene otro par igual.

Impreso en España por
LIBERGRAF, S. L.
Constitució, 19.
08014 Barcelona